JAUME BALANYÀ

Eivissa | Ibiza

1970

Edició a cura de **Jaume Balanyà**
Amb pròleg de **Marga Font**

TRIANGLE BOOKS

Fotografies
Fotografías Photography
© Jaume Balanyà

Textos
Textos Texts
© Marga Font

Traducció a l'anglès
Traducción al inglés English translation
Mark Waudby

Disseny
Diseño Design
Joan Colomer

Impressió
Impresión Printed by
Litografia Rosés, SA
Barcelona, 6/2019

Dipòsit legal: Me-598-2019
ISBN: 978-84-8478-820-1

Triangle Postals SL
Sant Lluís, Menorca
Tel. +34 971 150 451
www.triangle.cat

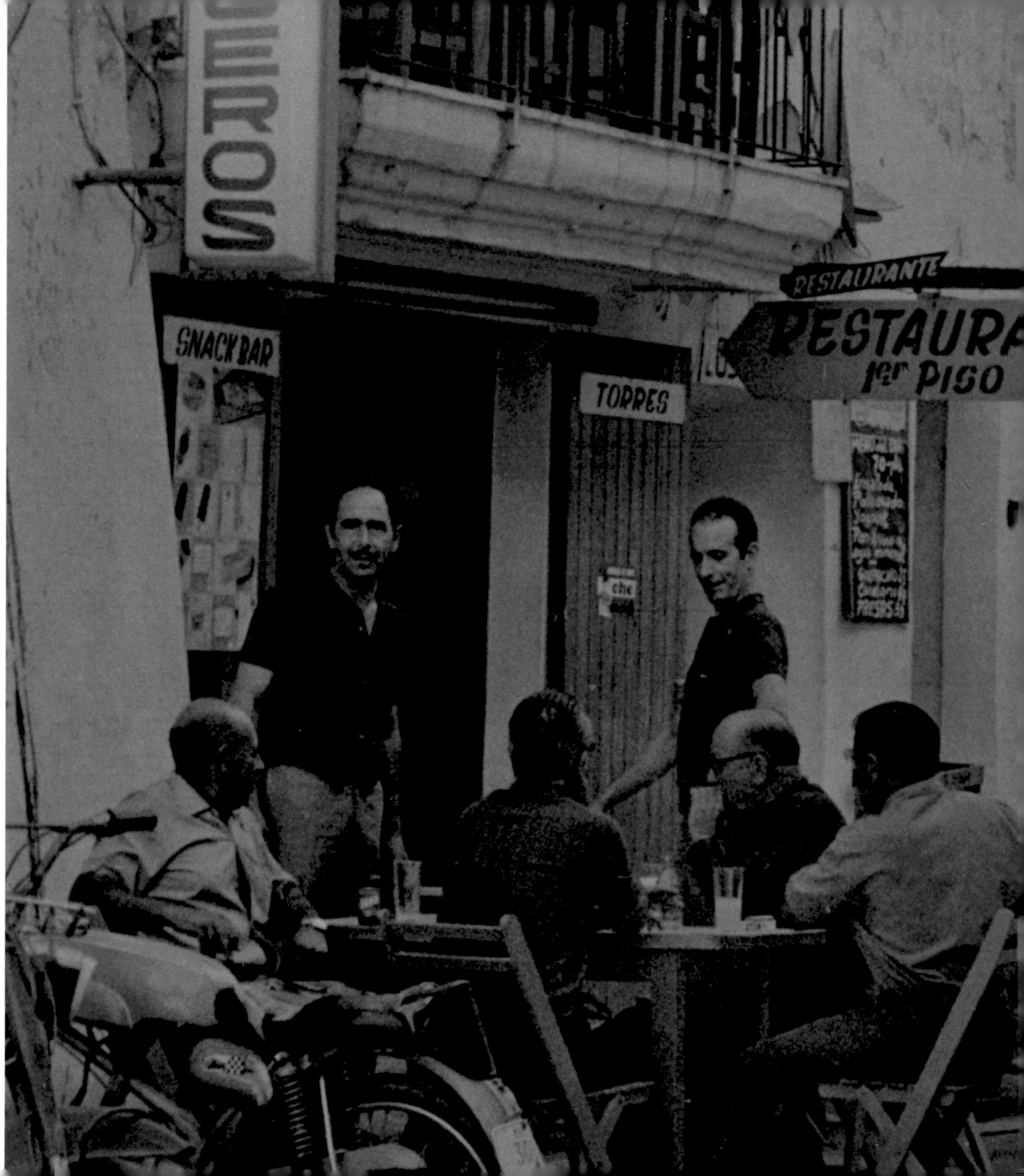

JAUME BALANYÀ

Eivissa | Ibiza

1970

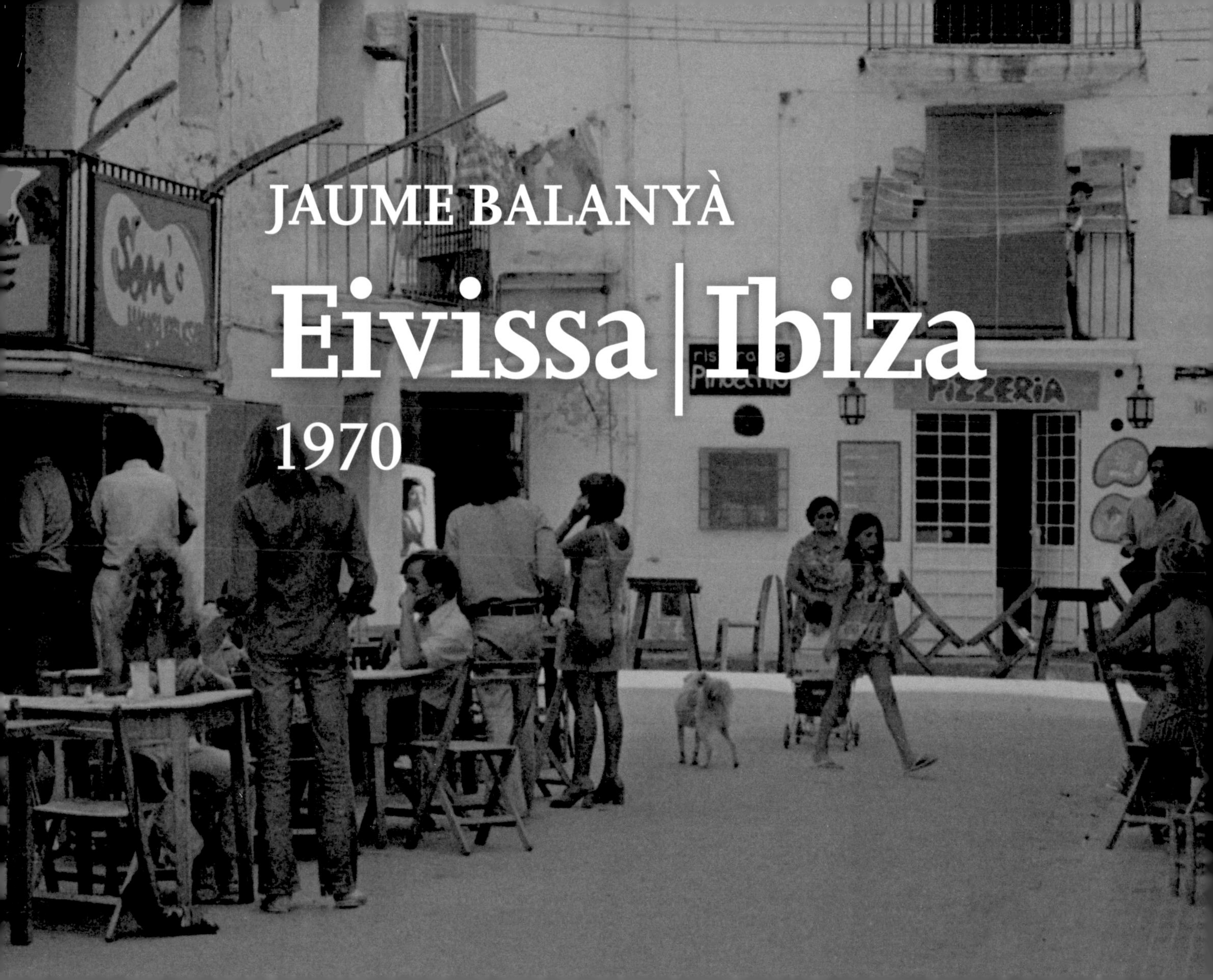

Eivissa, 1970

La mirada del fotògraf

Les imatges d'aquest llibre van ser capturades entre 1971 i 1972 pel fotògraf Jaume Balanyà quan només tenia vint-i-un anys. Es trobava a Eivissa realitzant el servei militar, llavors obligatori per a tots els joves espanyols de l'època. Primer va servir a artilleria, però després va ser destinat com a secretari a les oficines de Comandància de Puig des Molins, on gaudia de llibertat a partir del migdia. Un temps que va aprofitar per acabar el seu batxillerat en una acadèmia de Vila i fer les instantànies que recull aquest volum. Imatges de la vida quotidiana que avui tenen, a més a més de valor artístic, un valor antropològic: donen fe d'una Eivissa que ja no existeix.

"Vaig portar la càmera de Barcelona i un tanc per revelar negatius. I vaig conèixer un eivissenc aficionat a la fotografia que em va deixar

revelar algunes fotos a casa seva". Els diumenges, llogava una bicicleta i recorria l'illa, capturant els últims vestigis de la vida tradicional. Una Eivissa similar a la que va retratar l'austríac Raoul Haussman als anys 30, l'exemple del qual van seguir fotògrafs com Francesc Català Roca als 50. La mateixa illa que roman a les aquarel·les i olis de Narcís Puget Viñas i Narcís Puget Riquer, conservats en el Museu Puget de Dalt Vila, que reflecteixen la vida quotidiana abans del boom turístic que ho va canviar tot per sempre.

Balanyà és testimoni de la transformació singular de l'Eivissa dels 70, en què conviuen tradició i contemporaneïtat. Dones vestides de negre es creuen amb joves de cabells llargs que duen robes amples i estampades amb flors, o emblanquinen les cases de Dalt Vila per carrers empedrats on la roba es renta en gibrells metàl·lics i s'estén al sol. Uns pescadors adoben aparells o embarquen enormes barrils de fusta al port de Vila. I nens descalços juguen per carrers pobres pels quals deambulen *hippies* amb cistelles d'espart.

També capta platges ja plenes de turistes i la mirada dels eivissencs sobre els nouvinguts, els costums dels quals impregnaran l'illa d'un aire de llibertat insòlit a l'Espanya franquista: es banyen nuus, practiquen l'amor lliure, consumeixen drogues i organitzen festes totes les nits de lluna plena. Als pobles, retrata els feligresos sortint de missa, protegits del sol sota els porxos on antany corrien rumors o bé es teixien matrimonis i negocis. Esglésies de murs blancs i formes cúbiques que als anys 30 enamoraren els arquitectes del GATCPAC i a Le Corbusier. Una arquitectura sàvia i simple, de blanc radiant, emparentada —com sostenen els estudis de Rolph Blakstad— amb la d'alguns pobles d'Orient Mitjà.

"Vaig trobar una Eivissa que encara respirava una atmosfera molt tradicional", recorda Jaume Balanyà sobre aquella època, "i vaig fer grans amistats, com August Vallmitjana, una espècie de mestre a qui vaig admirar i un dels fotògrafs que més m'ha marcat". Durant un permís a Barcelona, va revelar còpies en el laboratori del seu pare per a la primera exposició de la seva vida, una selecció de les imatges que va

fer a Eivissa que es va exhibir en una galeria del passeig de Vara de Rey. "Llavors els militars van descobrir que jo feia fotos, i vaig haver de retratar esdeveniments com ara la primera comunió de la filla del comandant o la jura de bandera. Però em van deixar fer".

Vistes amb la perspectiva dels anys, a Jaume Balanyà li sembla que "aquelles fotografies potser tècnicament no són molt correctes, però reflecteixen la formació de la meva mirada. Representen el meu abecedari, el meu parvulari de la fotografia". Són les primeres passes del tipus de fotografia que li agrada, la testimonial, "reflectir un lloc, la vida, l'arquitectura".

Una d'aquestes imatges, en la qual una dona creua les arcades de l'església de Sant Jordi, protagonitza una anècdota: "Fa un parell d'anys, un amic que coneixia aquesta foto me'n va enviar una gairebé idèntica per WhatsApp, i vaig pensar que algú me l'havia copiat. Però la va fer José Suárez el 1965, abans que jo. El que em fa pensar que hi ha una mirada fotogràfica, és possible que dos fotògrafs en un mateix lloc puguin

capturar la mateixa imatge". Una cosa que li acostuma a passar fins i tot amb si mateix: "De vegades vaig a un lloc on ja hi he estat i faig una fotografia quasi idèntica a la que vaig fer anteriorment". Tot artista aporta una mirada personal. Aquest és el valor de l'art.

Jaume Balanyà es va iniciar al món de la fotografia treballant com a aprenent en un estudi del barri, on va descobrir l'ofici. Paral·lelament es va apassionar pel muntanyisme, la qual cosa el va dur a recórrer els cims de diversos països i a guanyar certàmens de fotografia alpina. El 1978 va obrir el seu primer estudi, on es va dedicar a la fotografia publicitària, i amb els diners que guanyava podia viatjar un o dos cops l'any per entregar-se a la seva gran passió, la fotografia de viatges. Encara li agrada revelar les seves còpies a casa, "tot i que la fotografia química resulta més cara que la digital, és per a romàntics, però ho faig un parell de vegades l'any". Confessa seguir "mirant les realitats amb curiositat i il·lusió des de darrere la càmera i confio que serà així durant molt de temps".

La forja d'un mite

El 1971, mentre en Jaume Balanyà realitzava el servei militar a Eivissa, les dones suïsses obtenien el dret a vot i les tropes del Vietnam del Sud envaïen Laos amb el suport dels Estats Units. Pablo Neruda rebia el Premi Nobel de Literatura, morien Coco Chanel i Jim Morrison i naixia l'organització ecologista Greenpeace. A Europa, milers d'agricultors es manifestaven contra la política agrària de la Comunitat Econòmica Europea. I Espanya romania sumida en l'obscuritat de la dictadura del general Francisco Franco, a la qual encara li quedaven quatre anys de vida.

Però al país existia un minúscul reducte de llibertat: Eivissa, ja coneguda des que una dècada abans joves de totes les nacionalitats la convertissin en un paradís del moviment *hippy*. Molts d'ells eren nord-americans i provenien de famílies adinerades, la qual cosa els va permetre fugir del seu país per evitar ser enviats a la guerra del

Vietnam. Els seguien dones aventureres que desitjaven alliberar-se de rols i restriccions morals per decidir el seu propi destí. I alguns joves espanyols van trobar a l'illa un espai de llibertat inimaginable a qualsevol altre enclavament del seu país.

Els eivissencs van reaccionar amb tolerància a l'arribada d'aquells estrangers. Feia segles que estaven avesats a rebre tota mena d'invasors —fenicis, cartaginesos, romans, àrabs i catalans—, i van conviure en harmonia amb els *peluts*, com anomenaven als *hippies*. Perquè a diferència del que va passar en altres illes com Mallorca, els "forasters" no compraren propietats a Eivissa, sinó que cercaren integrar-se a l'illa. Van llogar cases al camp, sovint sense llum elèctrica ni aigua corrent, on van formar comunes. Alguns van fer arrels i convertiren l'illa en la seva llar.

Els *hippies* van seguir un camí iniciat als anys 30 del segle XX, quan intel·lectuals i artistes europeus van trobar a Eivissa un món rural que els va semblar autèntic. Alguns, com el pensador Walter Benjamin, van passar temporades a l'illa fins que es van veure obligats a abandonar-la

a causa de l'esclat de la Guerra Civil Espanyola, el 1936. Però, després de la II Guerra Mundial, van tornar a Eivissa atrets per la puresa d'un lloc que, en una Europa convulsa i destrossada, semblava ancorat en el temps.

Molts d'ells s'instal·laren a l'illa i portaren idees de les avantguardes europees. Els acompanyaren marxants d'art i s'obriren galeries que van dinamitzar la vida cultural insular. El 1959, un col·lectiu d'artistes com ara Erwin Broner, Erwin Bechtold i Katja Meirowsky, per mencionar-ne només alguns, van fundar el Grup Ibiza 59. Les seves exposicions d'obra pròpia o d'autors com Mompó, Sempere o Soulages van atraure la mirada internacional, i la seva activitat propicià l'obertura del Museu d'Art Contemporani d'Eivissa.

Tot i que per als estrangers Eivissa era un món perfecte, la vida per als eivissencs mai va ser fàcil, i molts joves es veien obligats a emigrar abans de fer els vint anys. En una illa tradicionalment pobre, s'aprofitaven tots els recursos de la terra i la mar treballant de sol a sol, i l'única

aportació de diners en metàl·lic arribava a través de l'explotació salinera i el contraban. Però l'arribada de turistes als anys 60 va suposar l'inici d'una nova era, en què s'abandonaren les activitats tradicionals i el turisme es va convertir en el principal motor econòmic.

A partir dels 70, la música va tenir un paper clau en la forja del mite d'Eivissa. Pink Floyd s'hi instal·là per compondre cançons de *More* i hi actuaren Cat Stevens, Bob Marley i Eric Clapton. La discoteca Pacha va obrir el seu local a Eivissa el 1973, encarnant l'esperit de llibertat de l'illa, i la van seguir Ku i Amnesia, amb festes mítiques que aportaren glamur i projecció internacional.

Què en queda de tot allò? Potser el més tangible siguin mercats ambulants com el des Canar o el de Las Dalias, amb parades encara regentades per *hippies* arribats fa dècades que segueixen viatjant a l'Índia, al Nepal o a Sud-Amèrica per importar-ne artesania. Un altre llegat és la moda Adlib, que va néixer als 70 inspirada en robes i vestits tradicionals de les Pitiüses i amb influències del moviment *hippy*. Però, sobretot,

queda una herència immaterial: un aire de llibertat i tolerància que es respira en qualsevol cala rocosa adornada amb escars, sota el porxo de bigues d'aromàtica sabina d'una església rural, o al Pla de Corona a principis de febrer, amb els ametllers florits.

Eivissa és una illa en contínua mutació. I una de les seves millors versions roman en aquestes imatges de Jaume Balanyà, que permeten viatjar en el temps i l'espai, escoltar el murmuri de les dones sota els porxos, sentir la pols que aixeca una anciana que escombra el carrer, o comprendre la nostàlgia que envaeix els joves que abandonen l'illa en un buc de passatge.

Marga Font

Ibiza 1970

La mirada del fotógrafo

Las imágenes de este libro fueron capturadas entre 1971 y 1972 por el fotógrafo Jaume Balanyà cuando solo tenía veintiún años. Se encontraba en Ibiza realizando el servicio militar, por entonces obligatorio para todos los jóvenes españoles de la época. Primero sirvió en artillería, pero luego fue destinado como secretario a las oficinas de Comandancia de Puig des Molins, donde disfrutaba de libertad a partir del mediodía. Un tiempo que aprovechó para terminar su bachillerato en una academia de Vila y tomar las instantáneas que recoge este volumen. Imágenes de la vida cotidiana que hoy tienen, además de valor artístico, un valor antropológico: dan fe de una Ibiza que ya no existe.

"Me traje la cámara de Barcelona y un tanque para revelar negativos. Y conocí a un ibicenco aficionado a la fotografía que me dejó revelar algunas fotos en su casa". Los domingos, alquilaba una bicicleta y recorría la isla, capturando los últimos vestigios de la vida tradicional. Una Ibiza similar a la que retrató el austriaco Raoul Haussman en los años 30, cuya estela siguieron fotógrafos como Francesc Català Roca en los 50. La misma isla que permanece en las acuarelas y óleos de Narcís Puget Viñas y Narcís Puget Riquer, conservados en el Museo Puget de Dalt Vila, que reflejan la vida cotidiana antes del boom turístico que lo cambió todo para siempre.

Balanyà es testigo de la singular transformación de la Ibiza de los 70, en la que lo tradicional convive con lo

Ibiza 1970

The photographer's gaze

The photographs in this book were taken between 1971 and 1972 by the photographer Jaume Balanyà when he was just 21 years of age. He was on Ibiza doing his military service, which was compulsory at the time for all young men in Spain. First he served in the artillery, and then he was appointed secretary to the military command in Puig des Molins, where he had the afternoons off. He made the most of his free time to complete his secondary education at a school in the capital and take the snapshots gathered in this volume. These images of everyday life not only have an artistic value, they also have an anthropological one: they bear witness to an Ibiza that has now vanished.

"I brought a camera and a developing tank from Barcelona. I knew a guy on Ibiza who was an amateur photographer and let me develop some photos at his house". On Sundays Jaume would hire a bike and explore the island, capturing the last traces of traditional life with his lens. This Ibiza was similar to the one portrayed by the Austrian artist Raoul Haussman in the 1930s, and photographers like Francesc Català Roca who followed in his footsteps in the 1950s. The island preserved in the watercolours and oil paintings by Narcís Puget Viñas and Narcís Puget Riquer, now on show at the Museu Puget in Dalt Vila, show what life was life before the tourism boom changed everything for ever.

contemporáneo. Mujeres vestidas de negro se cruzan con jóvenes de pelo largo ataviados con ropas amplias y floreadas, o encalan las casas de Dalt Vila en calles empedradas donde la ropa se lava en barreños metálicos y se tiende al sol. Unos pescadores remiendan aparejos o embarcan enormes barriles de madera en el puerto de Vila. Y niños descalzos juegan en calles pobres por las que deambulan hippies con cestas de esparto.

También capta playas ya llenas de turistas, y la mirada de los ibicencos sobre los recién llegados, cuyas costumbres impregnarán la isla de un aire de libertad insólito en la España franquista: se bañan desnudos, practican el amor libre, consumen drogas y organizan fiestas todas las noches de luna llena. En los pueblos, retrata a los feligreses saliendo de misa, protegidos del sol bajo los porches donde antaño corrían rumores o se tejían matrimonios y negocios. Iglesias de muros blancos y formas cúbicas que en los años 30 enamoraron a los arquitectos del GATCPAC y a Le Corbusier. Una arquitectura sabia y simple, de blanco radiante, emparentada —como sostienen los estudios de Rolph Blakstad— con la de algunos pueblos de Oriente Medio.

"Encontré una Ibiza que todavía respiraba una atmósfera muy tradicional", recuerda Jaume sobre aquella época, "e hice grandes amistades, como August Vallmitjana, una especie de maestro al que admiré y uno de los fotógrafos que más me ha marcado". Durante un permiso en Barcelona, reveló copias en el laboratorio de su padre para la primera exposición de su vida, una selección de las imágenes que tomó en Ibiza que se exhibió en una galería del paseo de Vara de Rey.

Balanyà bore witness to the unique transformation of 1970s Ibiza, where the traditional and the contemporary lived side by side. Women dressed in black come across long-haired, young people wearing loose-fitting clothes with floral prints, or are seen whitewashing the houses in the cobbled streets of Dalt Vila where people wash their clothes in metal tubs and hang it out to dry in the sun. Fishermen mend their nets and load huge wooden barrels in Ibiza harbour. And barefoot children play in the back streets where hippies wander with their esparto-grass baskets.

Jaume also photographed beaches packed with tourists and the Ibizans observing the newcomers who brought a way of life that imbued the island with an air of freedom unheard of in Spain during Franco's rule: they sunbathed in the nude, practised free love, took drugs and held parties every night when there was a full moon. He portrayed parishioners in the villages coming out of mass, sheltering from the sun under the porches where years ago people would gather to gossip, propose marriage and cement business deals. Churches with whitewashed walls and cubic forms that the architects of the GATCPAC group and Le Corbusier fell in love with in the 1930s. A simple, dazzling-white architecture, made with intelligence and — according to studies by Rolph Blakstad — with its origins in some villages in the Middle East.

"I encountered an Ibiza that had retained its traditional atmosphere", Jaume recalls, "and I made great friends, like August Vallmitjana, a kind of teacher who I greatly admired and one of the photographers who

"Entonces los militares descubrieron que yo hacía fotos, y tuve que retratar eventos como la primera comunión de la hija del comandante o la jura de bandera. Pero me dejaron hacer".

Vistas con la perspectiva de los años, a Jaume le parece que "aquellas fotografías quizá técnicamente no son muy correctas, pero reflejan la formación de mi mirada. Representan mi abecedario, mi parvulario de la fotografía". Son los primeros pasos del tipo de fotografía que le gusta, la testimonial, "reflejar un lugar, la vida, la arquitectura". Una de estas imágenes, en la que una mujer cruza las arcadas de la iglesia de Sant Jordi, protagoniza una anécdota: "Hace un par de años, un amigo que conocía esta foto me envió una casi idéntica por WhatsApp, y pensé que alguien me la había copiado. Pero la hizo José Suárez en 1965, antes que yo. Lo que me lleva a pensar que hay una mirada fotográfica, es posible que dos fotógrafos en un mismo lugar pueden capturar la misma imagen". Algo que le suele pasar incluso consigo mismo: "A veces voy a un sitio en el que ya he estado y tomo una fotografía casi idéntica a la que hice la vez anterior". Todo artista aporta una mirada personal. Ese es el valor del arte.

Jaume Balanyà se inició en el mundo de la fotografía trabajando como aprendiz en un estudio del barrio, donde descubrió el oficio. Paralelamente se apasionó por el montañismo, lo que le llevó a recorrer las cimas de diversos países y a ganar certámenes de fotografía alpina. En 1978 abrió su primer estudio, donde se dedicó a la fotografía publicitaria, y con el dinero que ganaba podía viajar una o dos veces al año para dedicarse a

has influenced me the most". When Jaume was on leave in Barcelona, he developed a selection of the photos he had taken on Ibiza at his father's laboratory. They were exhibited in a gallery on Passeig Vara de Rey. "Then the military personnel found out that I took photos, and I had to photograph events like the first communion of the commander's daughter and the pledge of allegiance to the flag. But they pretty much gave me free rein".

In hindsight, Jaume thinks that "perhaps these photos aren't very technically accomplished but they show how my gaze was shaped. They are my alphabet, my photographic 'kindergarten'". They mark his first forays into the kind of photography he likes, a photography that bears witness and "reflects a place, its life and its architecture". There's an interesting anecdote about one of the photos that shows a woman walking under the arches of the church of Sant Jordi: "A couple of years ago a friend of mine, who knew the photo, sent me an almost identical one via WhatsApp, and I thought that someone had copied mine. In fact, the photo was taken by José Suárez in 1965, before mine was. This led me to conclude that there's a photographic gaze, and that it's possible for two photographers to capture the same image in the same place". This happens to him quite often too: "Sometimes I go to a place I've already been to and I take a photo almost identical to the one I took the last time". Every artist brings their own personal gaze. That's the value of art.

Jaume Balanyà's interest in photography began when he was working as an apprentice in a studio in a neighbourhood of Barcelona. At the same time he developed

su gran pasión, la fotografía de viajes. Todavía le gusta revelar sus copias en casa, "aunque la fotografía química resulta más cara que la digital, es para románticos, pero lo hago un par de veces al año". Confiesa seguir "mirando las realidades con curiosidad e ilusión desde detrás de la cámara y confío en que sea así durante mucho tiempo".

La forja de un mito

En 1971, mientras Jaume Balanyà realizaba el servicio militar en Ibiza, las mujeres suizas obtenían el derecho a voto y las tropas de Vietnam del Sur invadían Laos apoyadas por los Estados Unidos. Pablo Neruda recibía el Premio Nobel de Literatura, morían Coco Chanel y Jim Morrison y nacía la organización ecologista Greenpeace. En Europa, miles de agricultores se manifestaban contra la política agraria de la Comunidad Económica Europea. Y España permanecía sumida en la oscuridad de la dictadura del general Francisco Franco, a la que todavía le quedaban cuatro años de vida.

Pero en el país existía un minúsculo reducto de libertad: Ibiza, ya conocida desde que una década antes jóvenes de todas las nacionalidades la convirtieran en un paraíso del movimiento hippy. Muchos de ellos eran estadounidenses y provenían de familias adineradas, lo que les permitió huir de su país para evitar ser enviados a la guerra de Vietnam. Les seguían mujeres aventureras que deseaban liberarse de roles y restricciones morales para decidir su propio destino. Y algunos jóvenes

a passion for climbing which took him to the mountain summits in several countries and earned him prizes in mountain photography competitions. In 1978 he opened his first studio dedicated to advertising photography and spent the money he earned on travelling a couple of times a year to devote himself to his great passion: travel photography. He still enjoys developing his prints at home "developing photographs using chemicals is more expensive than digital photography. It's for romantics but I still use the process a couple of time a year". He admits that he continues to "look at situations with a curious mind and enthusiasm from behind the lens and I hope it stays that way for a long time to come".

A legend is forged

In 1971, while Jaume Balanyà was doing his military service on Ibiza, Swiss women won the right to vote and the US-backed troops in South Vietnam were invading Laos. Pablo Neruda received the Nobel prize for literature, Coco Chanel and Jim Morrison died, and the environmental organisation Greenpeace was founded. In Europe, thousands of farmers demonstrated against the Common Market's agricultural policy. And Spain was still living through the dark days of Franco's dictatorship, which was to last for another four years.

But the country had a little stronghold of freedom: Ibiza, which had already forged a reputation for itself a decade earlier when young people of all nationalities had made it a hippy haven. Many of them were from

españoles encontraron en la isla un espacio de libertad inimaginable en cualquier otro enclave de su país.

Los ibicencos reaccionaron con tolerancia a la llegada de aquellos extranjeros. Hacía siglos que estaban acostumbrados a recibir todo tipo de invasores —fenicios, cartagineses, romanos, árabes y catalanes—, y convivieron en armonía con los *peluts*, como llamaban a los hippies. Porque a diferencia de lo que ocurrió en otras islas como Mallorca, los "forasteros" no compraron propiedades en Ibiza, sino que buscaron integrarse en la isla. Alquilaron casas en el campo, a menudo sin luz eléctrica ni agua corriente, donde formaron comunas. Algunos echaron raíces y convirtieron la isla en su hogar.

Los hippies siguieron una estela iniciada en los años 30 del siglo XX, cuando intelectuales y artistas europeos encontraron en Ibiza un mundo rural que les pareció auténtico. Algunos, como el pensador Walter Benjamin, pasaron temporadas en la isla hasta que se vieron obligados a abandonarla a causa del estallido de la Guerra Civil Española, en 1936. Pero, tras la II Guerra Mundial, regresaron a Ibiza atraídos por la pureza de un lugar que, en una Europa convulsa y destrozada, parecía anclado en el tiempo.

Muchos se afincaron en la isla y trajeron consigo ideas de las vanguardias europeas. Les acompañaron marchantes de arte y se abrieron galerías que dinamizaron la vida cultural insular. En 1959, un colectivo de artistas como Erwin Broner, Erwin Bechtold y Katja Meirowsky, por mencionar solo algunos, fundaron el Grupo Ibiza 59. Sus exposiciones de obra

the United States and from wealthy families and this allowed them to leave their country to avoid the draft during the Vietnam war. They were followed by adventurous women who wanted to decide their own destiny and were eager to escape their traditional roles and moral restrictions. And certain young Spaniards found on the island a freedom unimaginable anywhere else in the country.

The Ibizans showed great tolerance towards these foreigners. For centuries, they had been used to all kinds of invaders — Phoenicians, Carthaginians, Romans, Arabs and Catalans —, and lived in harmony with the peluts, or hairy ones, as they called the hippies. However, unlike the other islands, such as Mallorca, the "outsiders" didn't buy properties on Ibiza, they sought to integrate instead. They rented country houses, often without electricity or running water, where they set up communes. Some of them put down roots and made the island their home.

The hippies followed in the footsteps of the European intellectuals and artists who came to the island in the 1930s in search of an authentic, rural world. Some of them, like the philosopher Walter Benjamin, spent time on the island until they were forced to leave following the outbreak of the Spanish Civil War in 1936. After World War Two, they returned to Ibiza attracted by the purity of a place that — against the backdrop of a Europe in turmoil and scarred by the ravages of war — seemed frozen in time.

Many of them made their homes on the island and brought with them the ideas of the European avant-gar-

propia o de autores como Mompó, Sempere o Soulages atrajeron la mirada internacional, y su actividad propició la apertura del Museo de Arte Contemporáneo de Ibiza.

Aunque para los extranjeros Ibiza era un mundo perfecto, la vida para los ibicencos nunca fue fácil, y muchos jóvenes se veían obligados a emigrar antes de cumplir los veinte años. En una isla tradicionalmente pobre, aprovechaban todos los recursos de la tierra y el mar trabajando de sol a sol, y la única aportación de dinero en metálico llegaba a través de la explotación salinera y el contrabando. Pero la llegada de turistas en los años 60 supuso el inicio de una nueva era, en la que se abandonaron actividades tradicionales y el turismo se convirtió en el principal motor económico.

A partir de los 70, la música tuvo un papel clave en la forja del mito de Ibiza. Pink Floyd se instaló en ella para componer canciones de *More*, actuaron Cat Stevens, Bob Marley y Eric Clapton. La discoteca Pacha abrió su local en Ibiza en 1973, encarnando el espíritu de libertad de la isla, y le siguieron Ku y Amnesia, con fiestas míticas que aportaron glamour y proyección internacional.

¿Qué queda de todo aquello? Quizá lo más tangible sean mercadillos como el de Es Canar o el de Las Dalias, con puestos todavía regentados por hippies llegados hace décadas que siguen viajando a la India, Nepal o a Sudamérica para importar artesanía. Otro legado es la moda Adlib, que nació en los 70 inspirada en ropas y vestidos tradicionales de las Pitiusas y con influencias del movimiento hippy. Pero, sobre todo, queda una herencia inmaterial: un aire de libertad y tolerancia que se respira en cualquier cala rocosa adornada con casetas

des. They were accompanied by art dealers who gave a much-needed boost to the island's cultural life. In 1959, a group of artists, including Erwin Broner, Erwin Bechtold and Katja Meirowsky, founded the Grupo Ibiza 59. The exhibitions of their work, and that of other artists, such Mompó, Sempere and Soulages, attracted worldwide attention and led to the opening of the Museu d'Art Contemporani d'Eivissa.

Although Ibiza was a haven for its incomers, life for the islanders was never easy, and many young people were forced to emigrate before the age of 20. On an island that had traditionally been poor, they harnessed all the resources of the land and sea and worked from dawn until dusk. The only cash income came from harvesting salt and trading in contraband goods. The mass influx of tourists in the 1960s marked the dawn of a new era when traditional activities declined and tourism became the main driver of the economy.

From the 1970s onwards, music played a key role in shaping the legend of Ibiza. Pink Floyd moved to the island to compose the songs for their album *More*, and Cat Stevens, Bob Marley and Eric Clapton performed there. The nightclub Pacha opened on Ibiza in 1973, and embodied the island's spirit of freedom. Ku and Amnesia followed and staged legendary parties that brought glamour and worldwide fame.

But what remains of these things today? Perhaps the most tangible ones are the markets, such as Es Canar and Las Dalias, with their stalls still run by the hippies who settled on the island decades ago and continue to travel to India, Nepal and South America to bring back hand-

varadero, bajo el porche de vigas de aromática sabina de una iglesia rural, o en el Pla de Corona a principios de febrero, con los almendros en flor.

Ibiza es una isla en continua mutación. Y una de sus mejores versiones permanece en estas imágenes de Jaume Balanyà, que permiten viajar en el tiempo y el espacio, escuchar los susurros de las mujeres bajo los porches de las iglesias, sentir el polvo que levanta una anciana al barrer la calle, y comprender la nostalgia que invade a los jóvenes que abandonan la isla en un buque de pasaje.

Marga Font

crafted goods. Another legacy is Adlib fashion, which originated in the 1970s and was inspired by the clothes and traditional costumes of the Pitiusas Islands, with more than a nod to the hippy movement. But, above all, the intangible heritage remains: an atmosphere of freedom and tolerance that you can feel at any of the rocky coves with their fishermen's huts, beneath the porches with their savin juniper wood beams, and in the Pla de Corona in early February when the almond trees are in blossom.

Ibiza is a constantly changing island. And these photographs by Jaume Balanyà provide ample proof of this. They allow us to travel in time and space, hear the whispers of the womenfolk beneath the church porches, feel the dust stirred up by an elderly woman as she sweeps the street, and understand the feelings of homesickness of the young people when they left the island on a passenger ship.

Marga Font

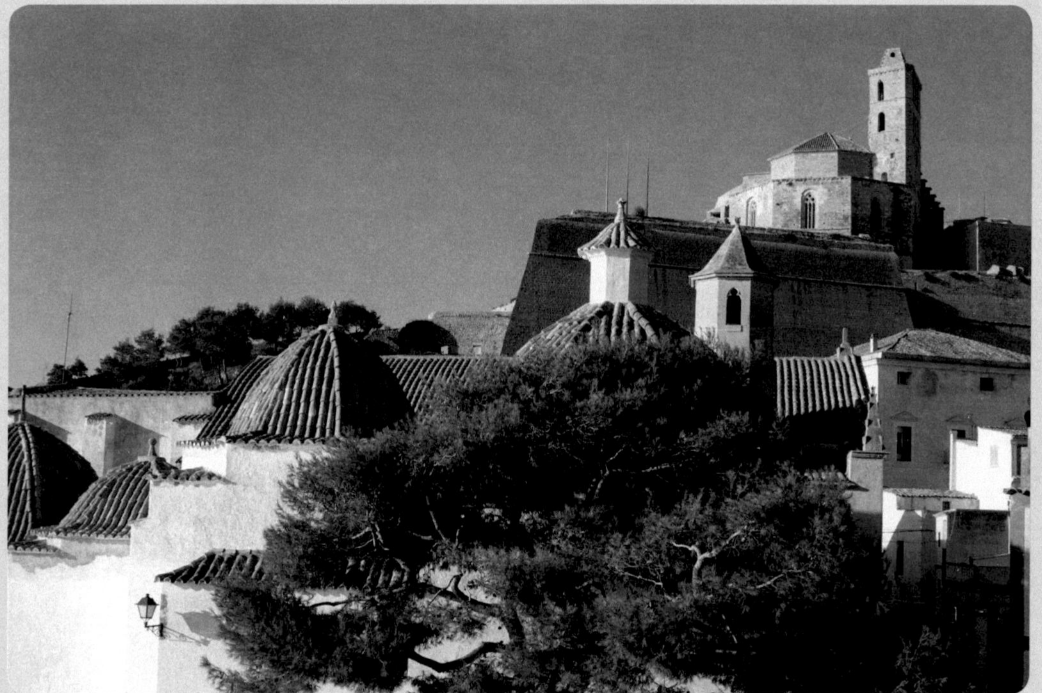

❋ Dalt Vila

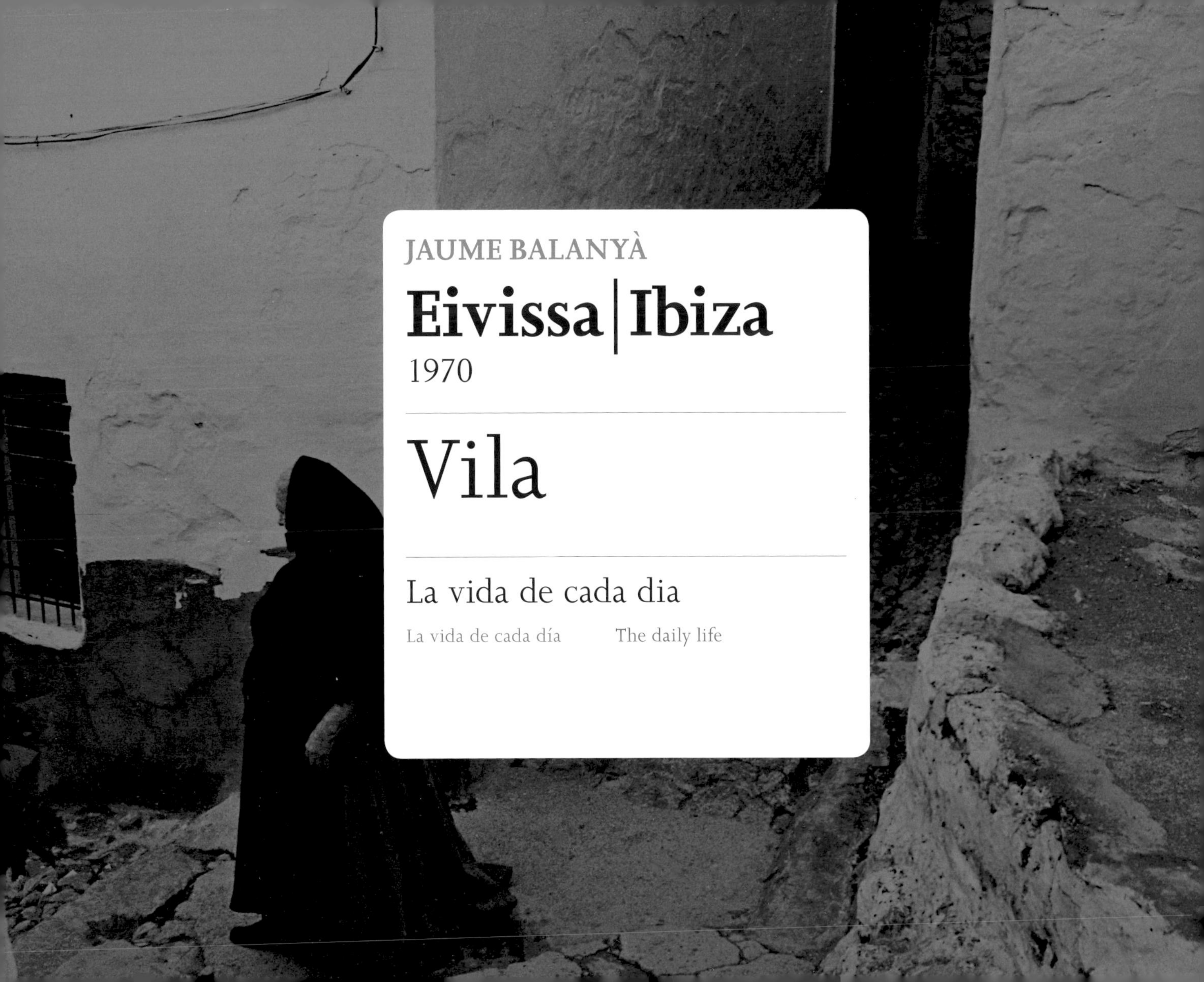

JAUME BALANYÀ

Eivissa | Ibiza

1970

Vila

La vida de cada dia

La vida de cada día — The daily life

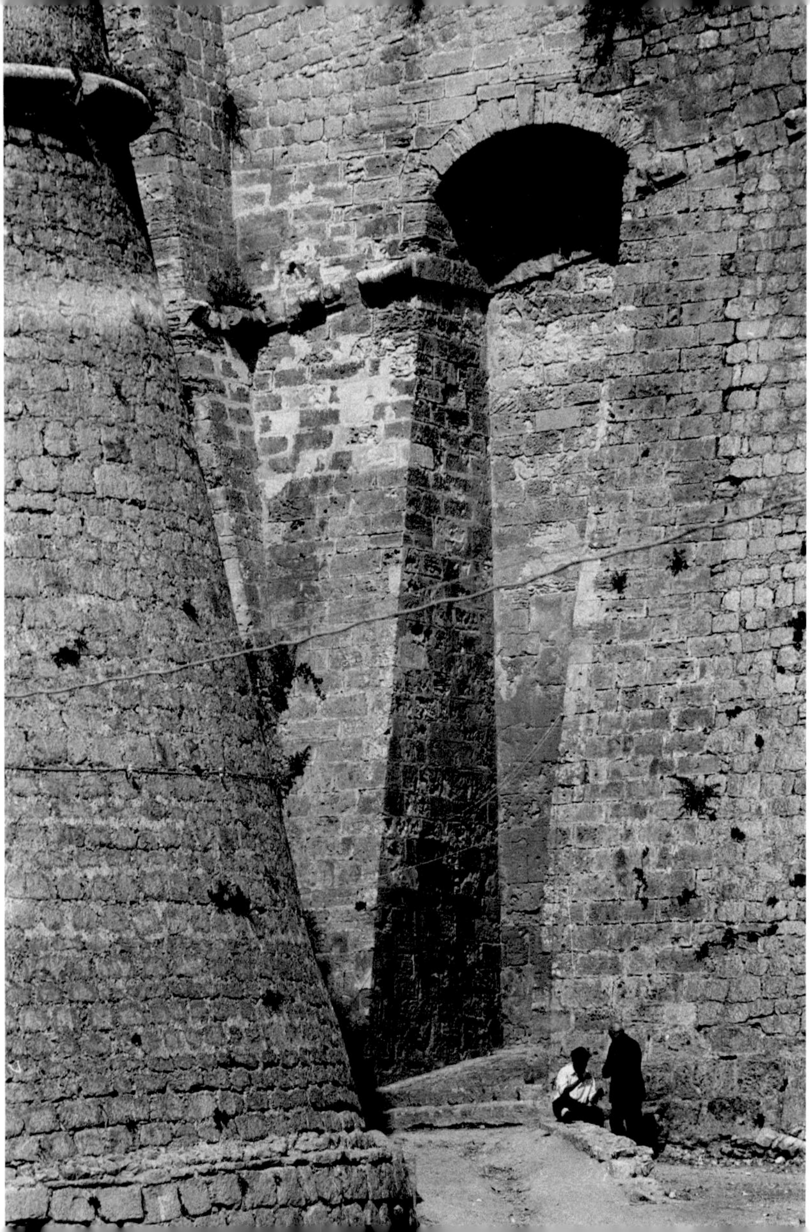

* Portal Nou

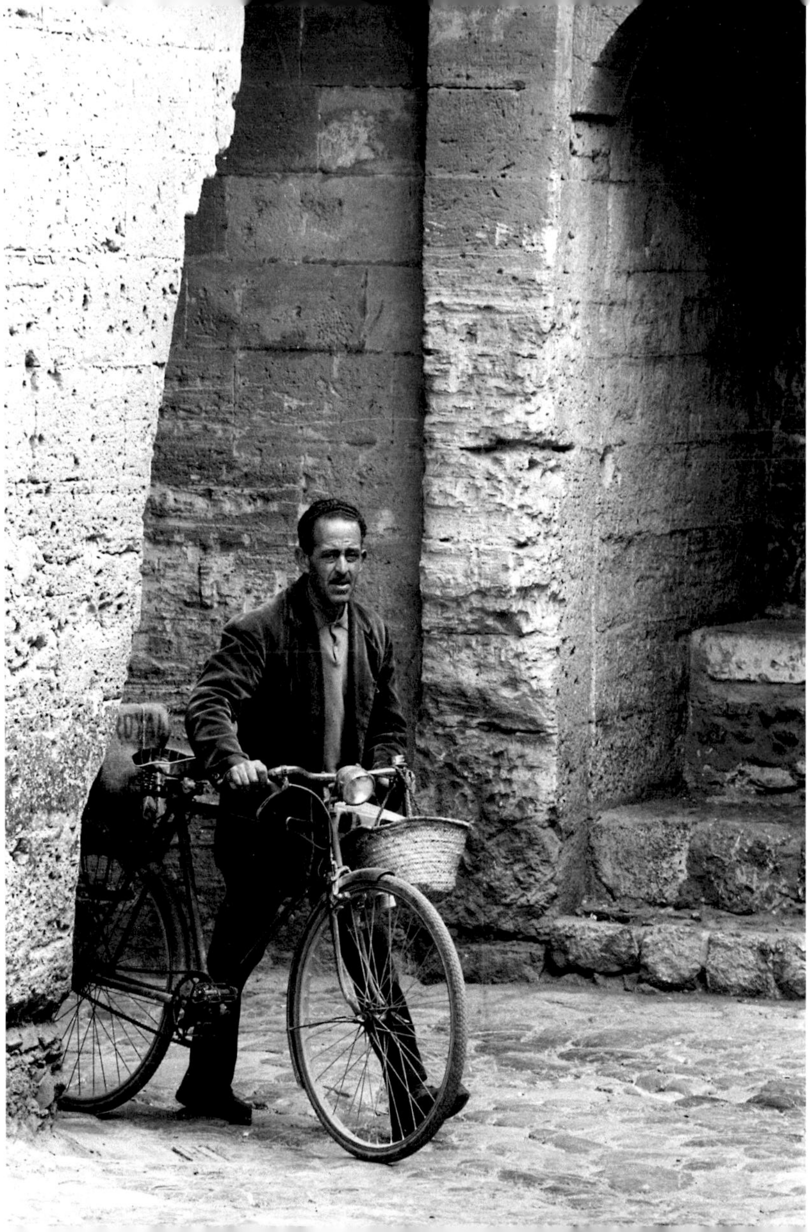

✻ Portal de ses Taules

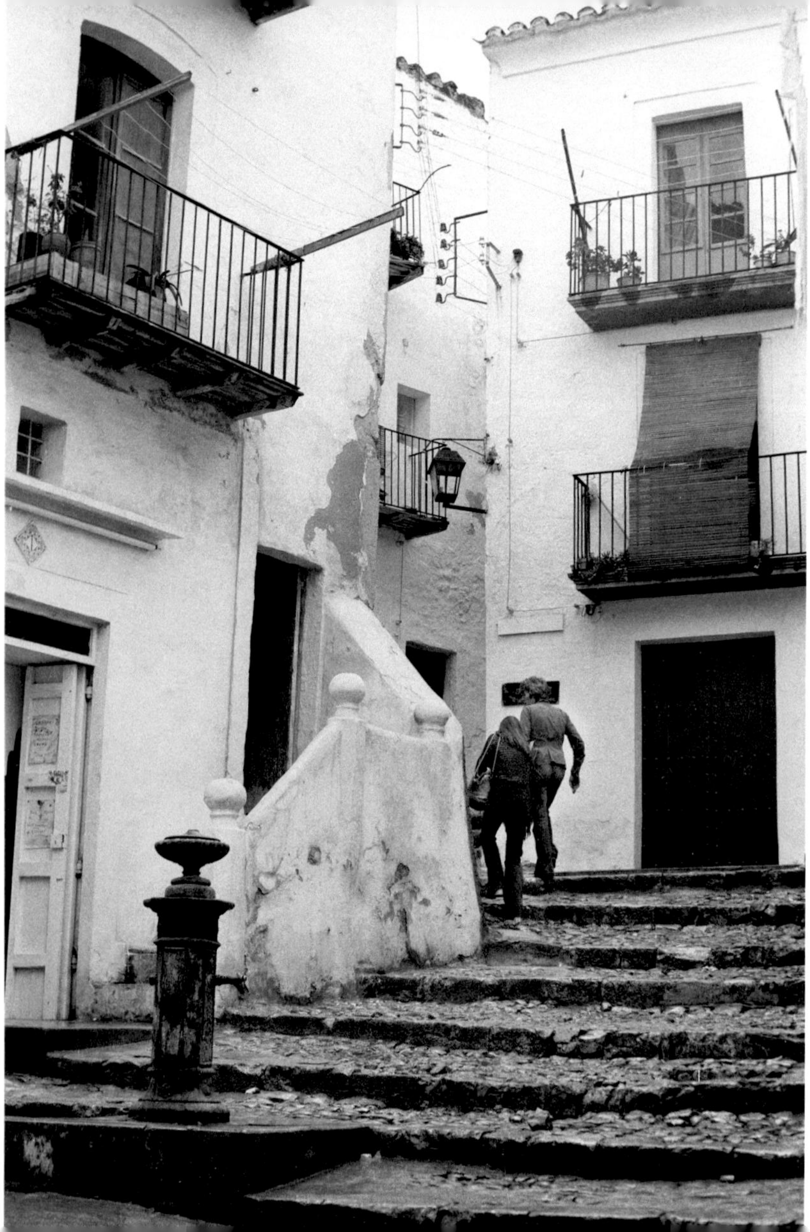

* Sa Penya

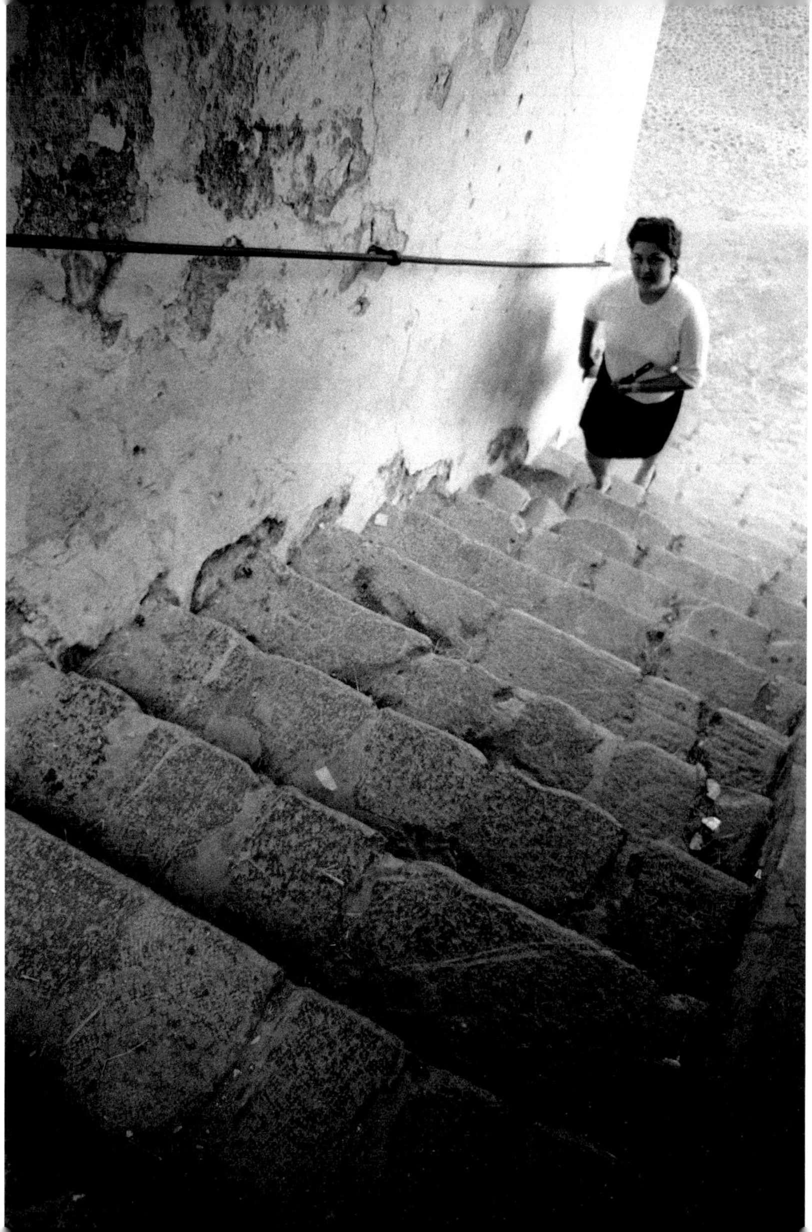

* Dalt Vila

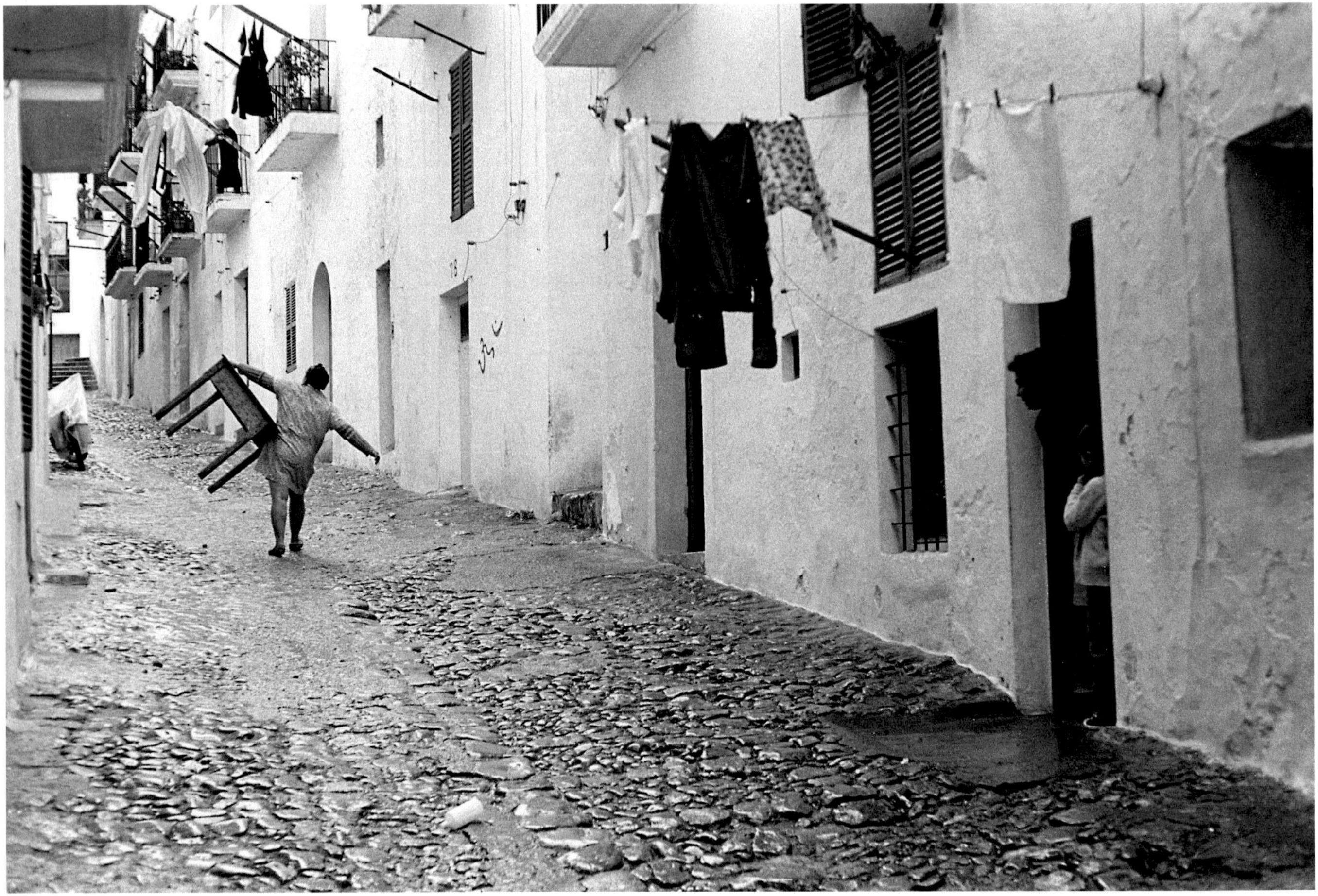

✻ Dalt Vila

✻ Dalt Vila

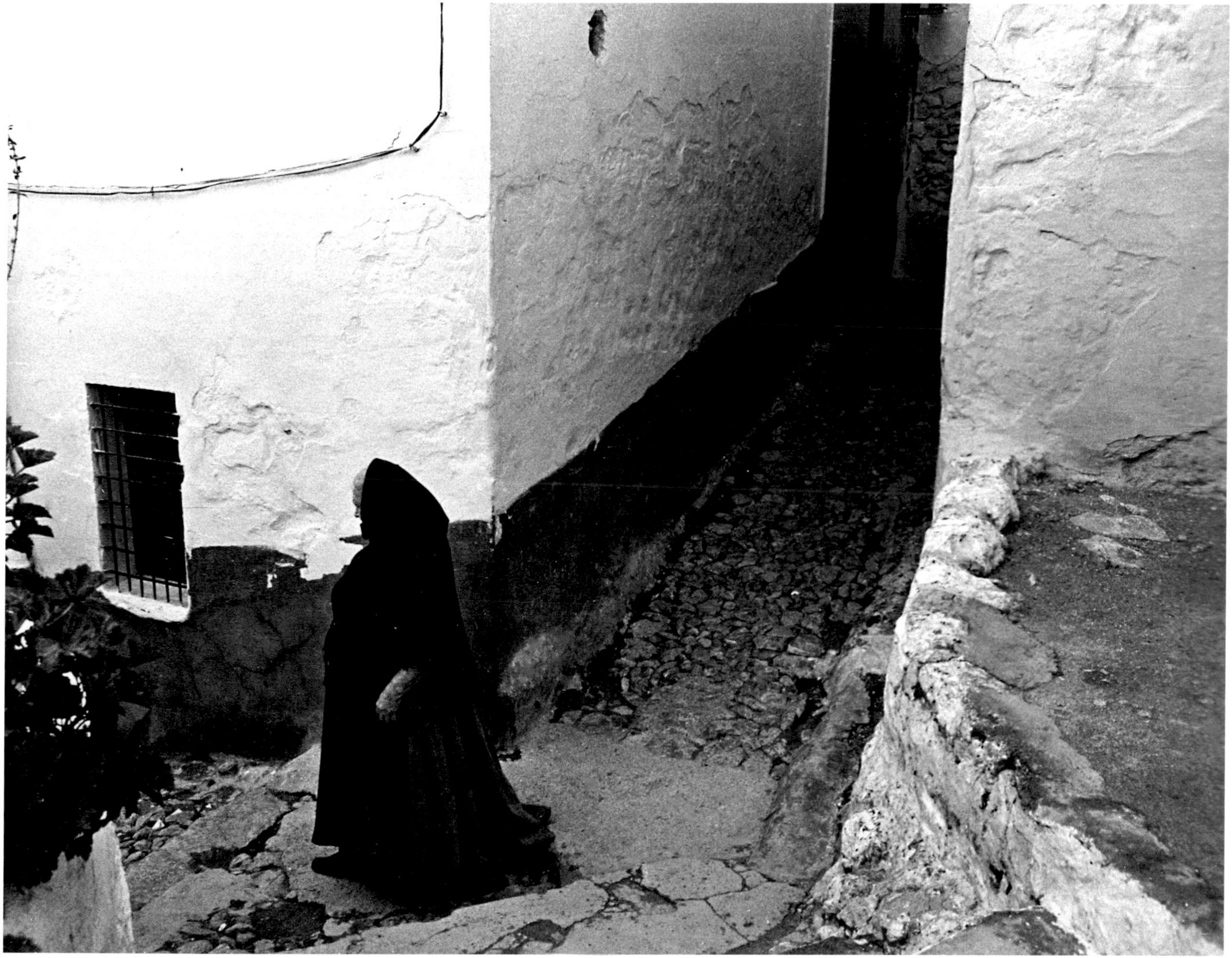

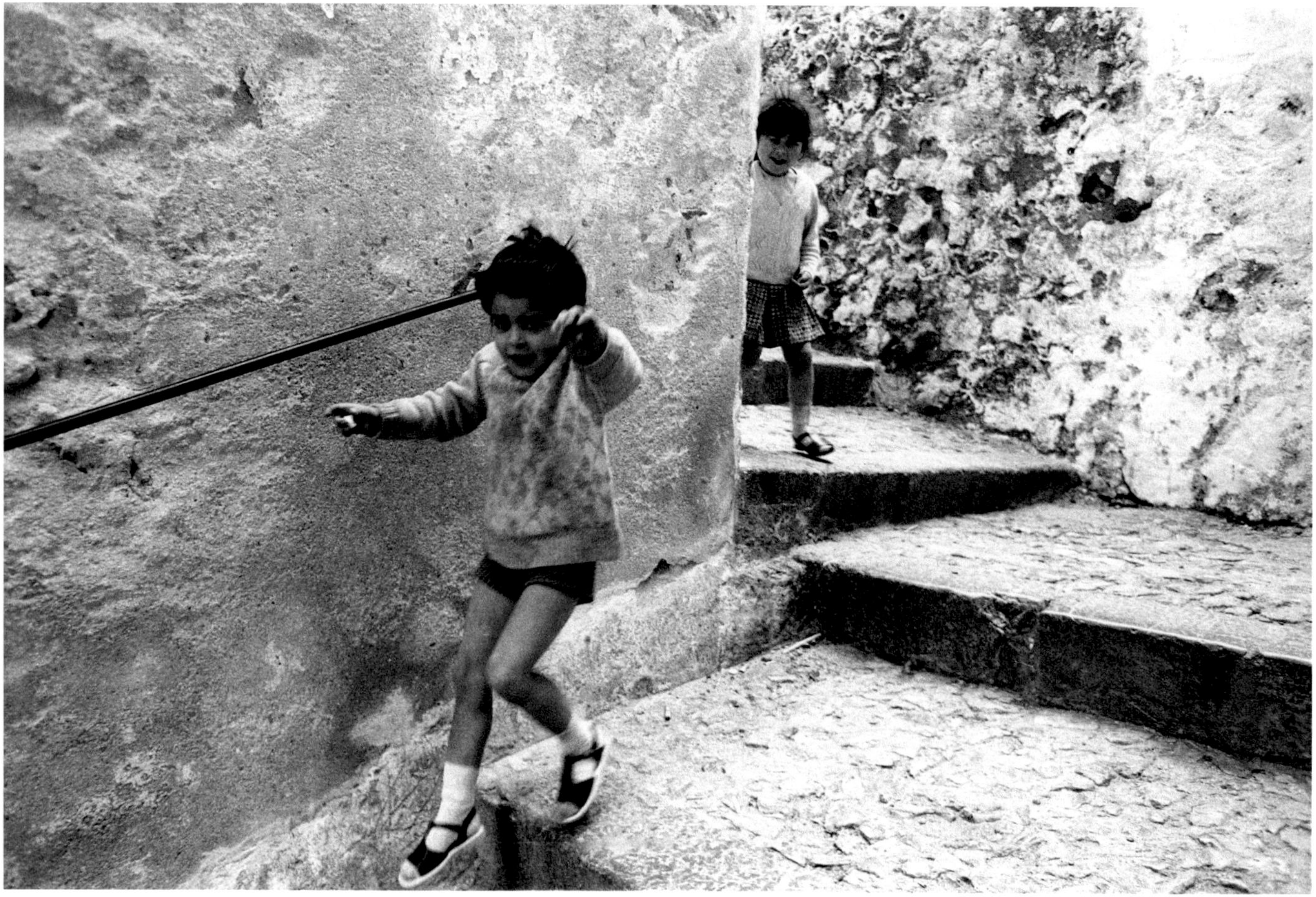

* Dalt Vila

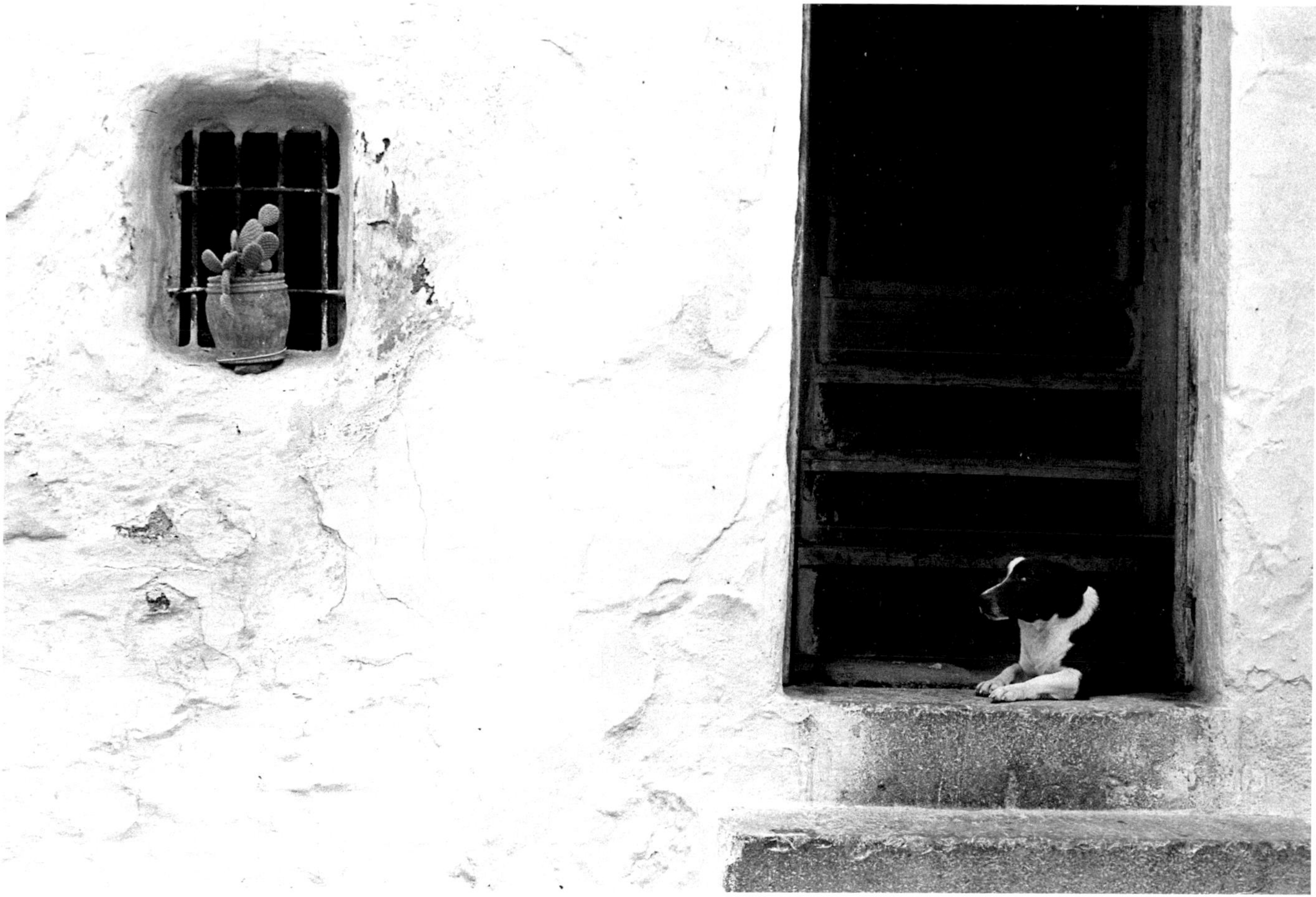

* Dalt Vila

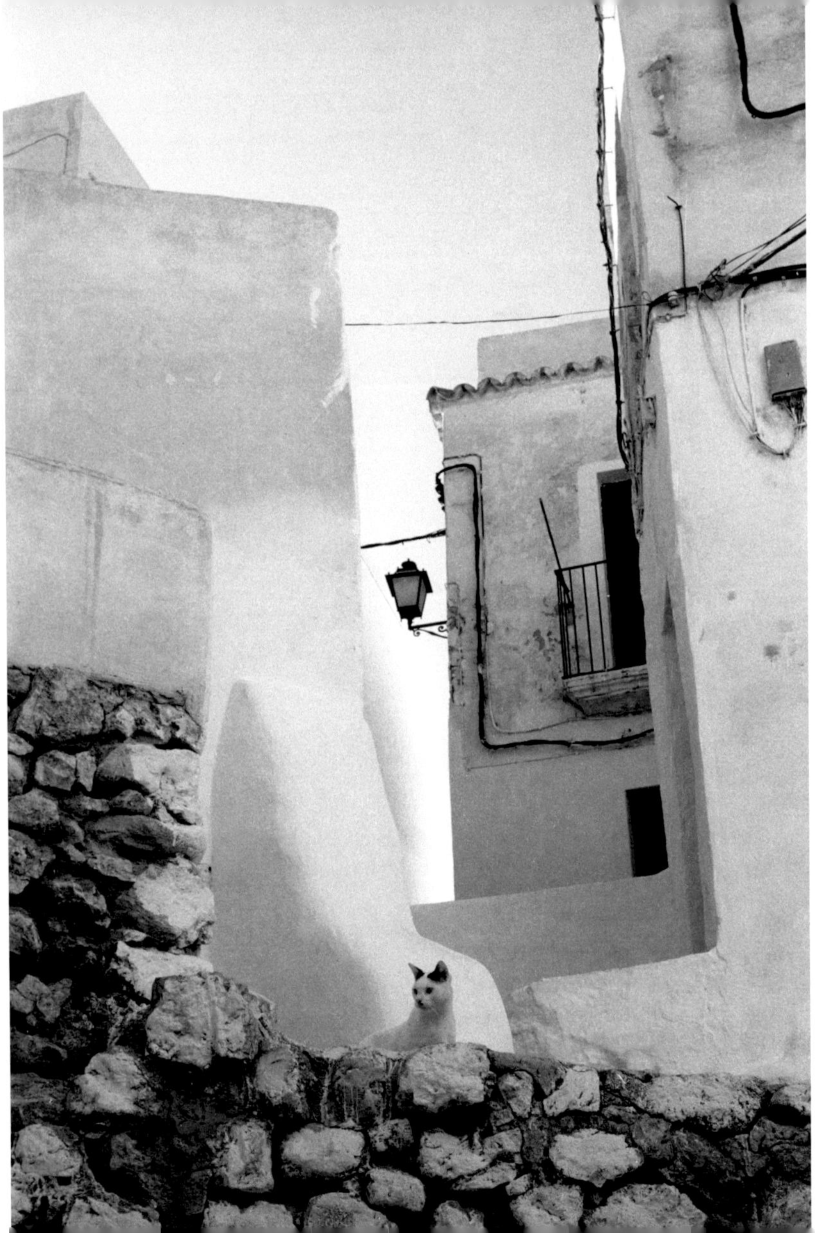

❋ Sa Penya

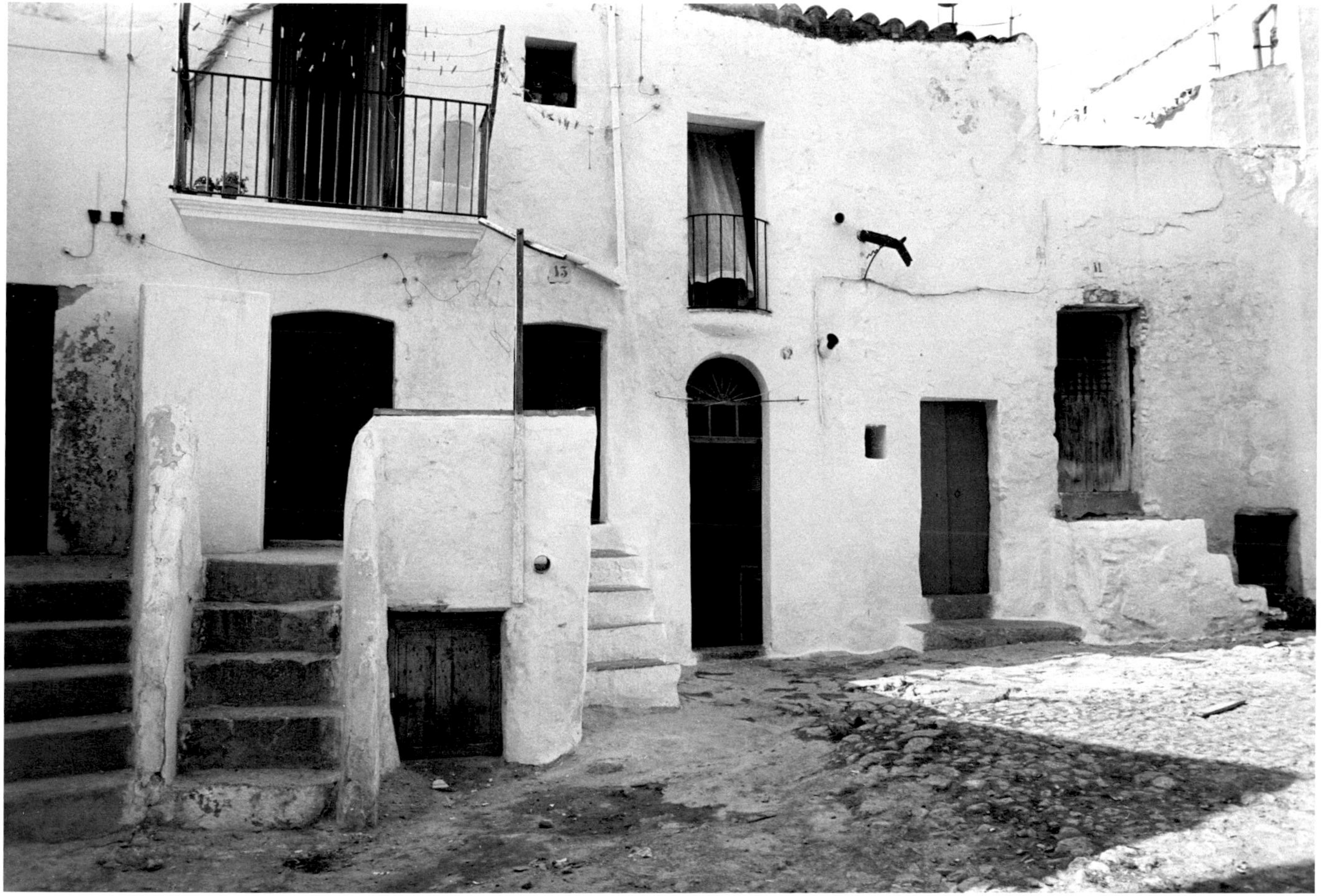

✻ Dalt Vila

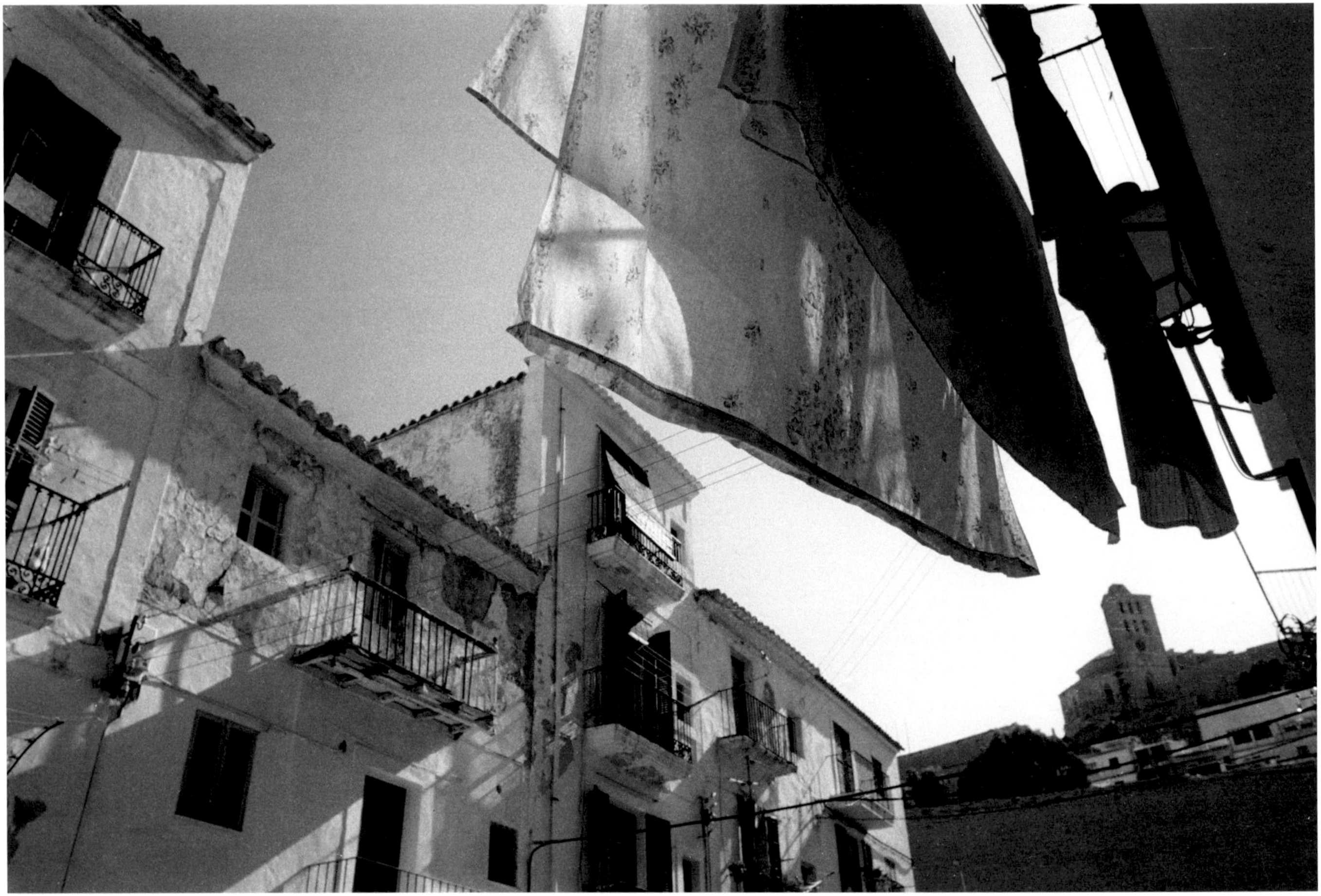

✻ La Marina

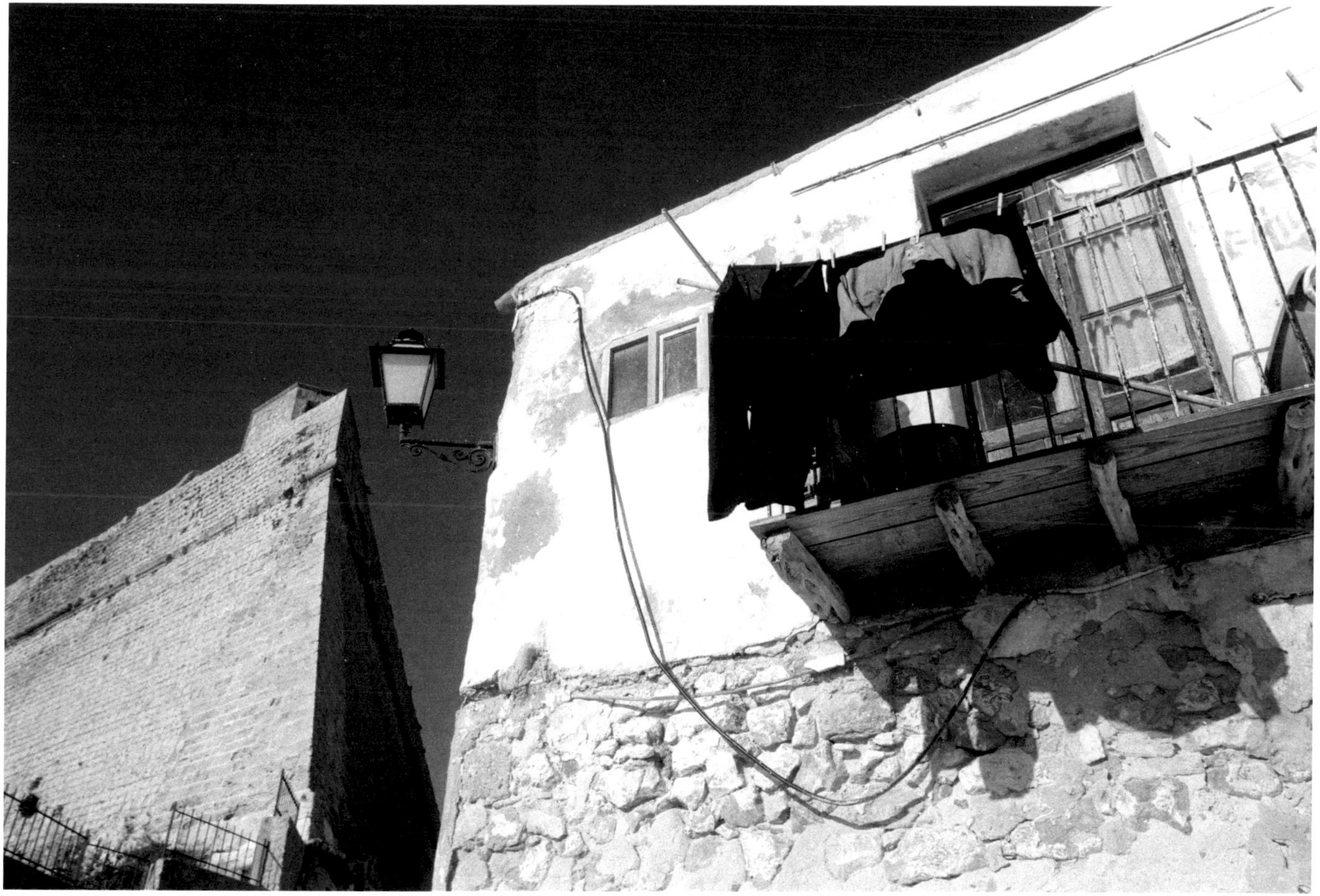

* Sa Penya

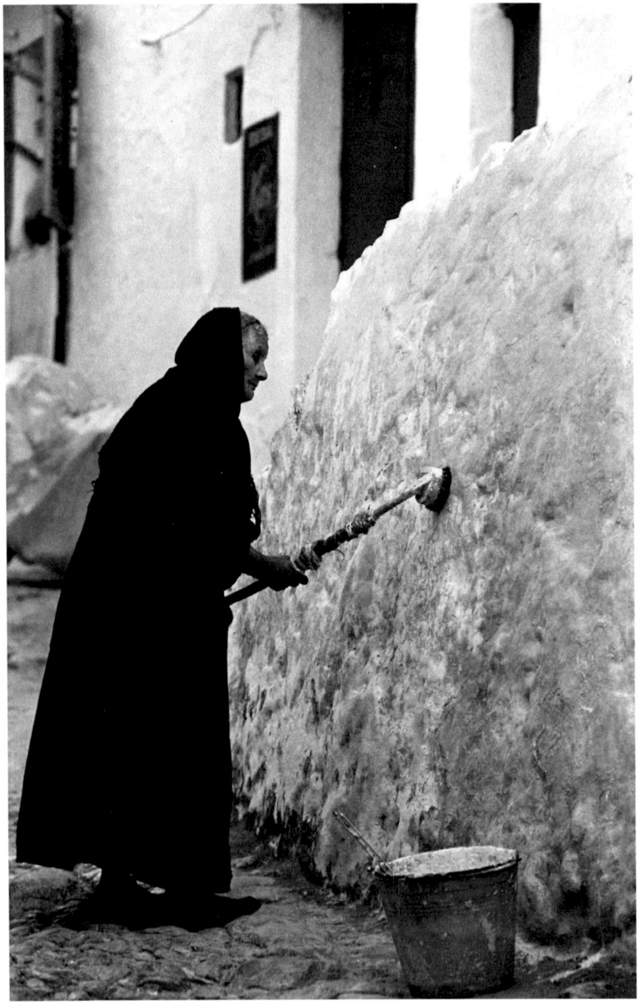

❋ Dalt Vila

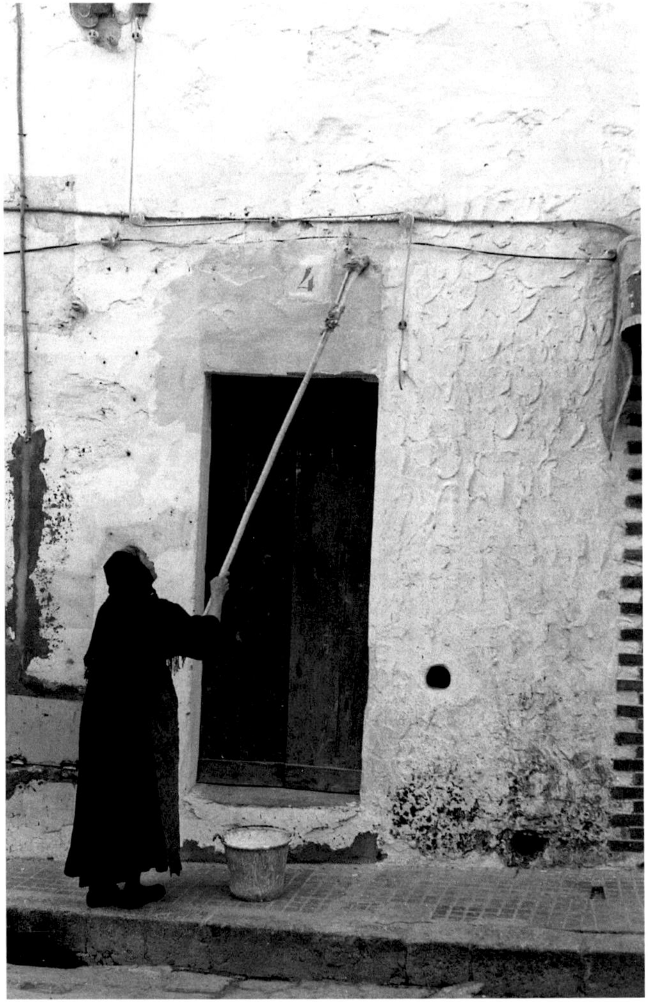

❋ Sa Penya

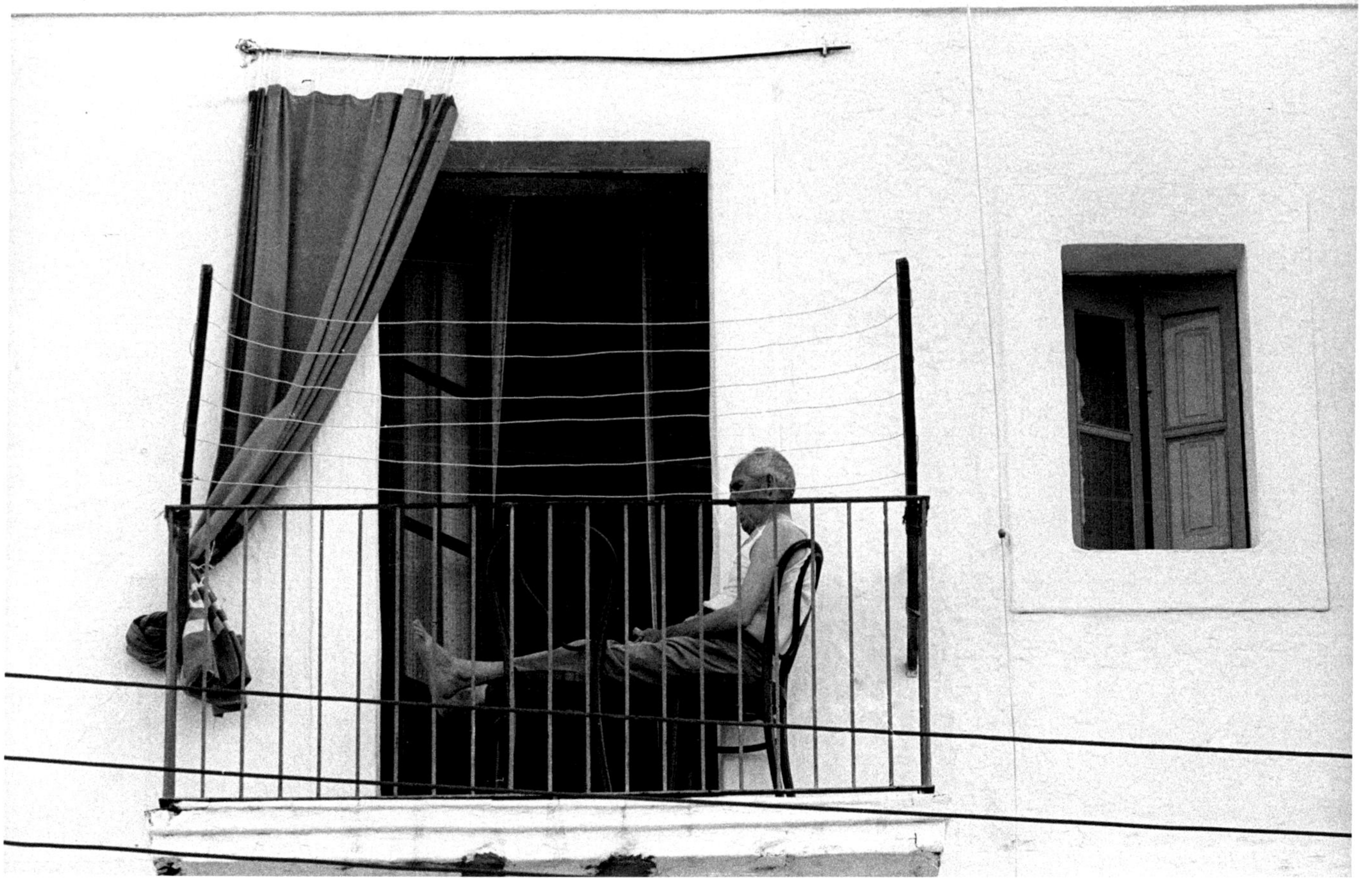

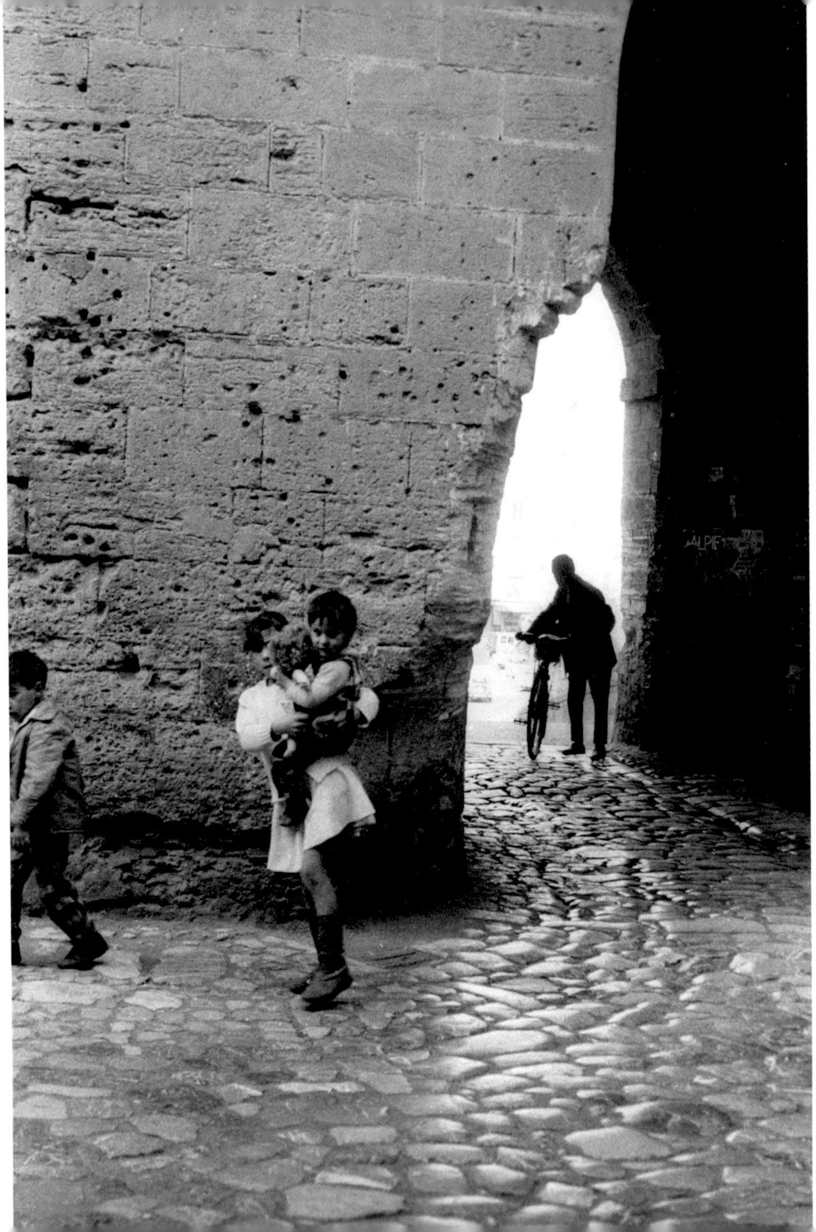

✳ Portal de ses Taules

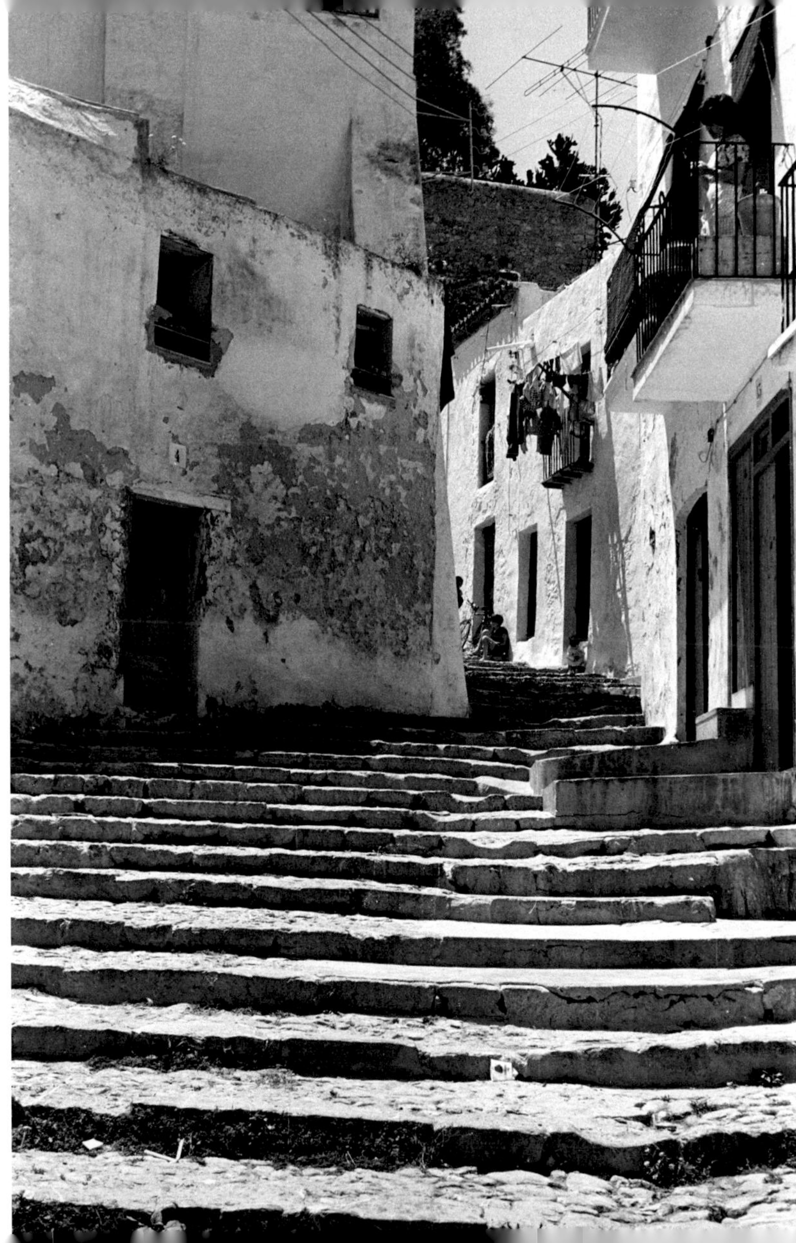

❋ Dalt Vila

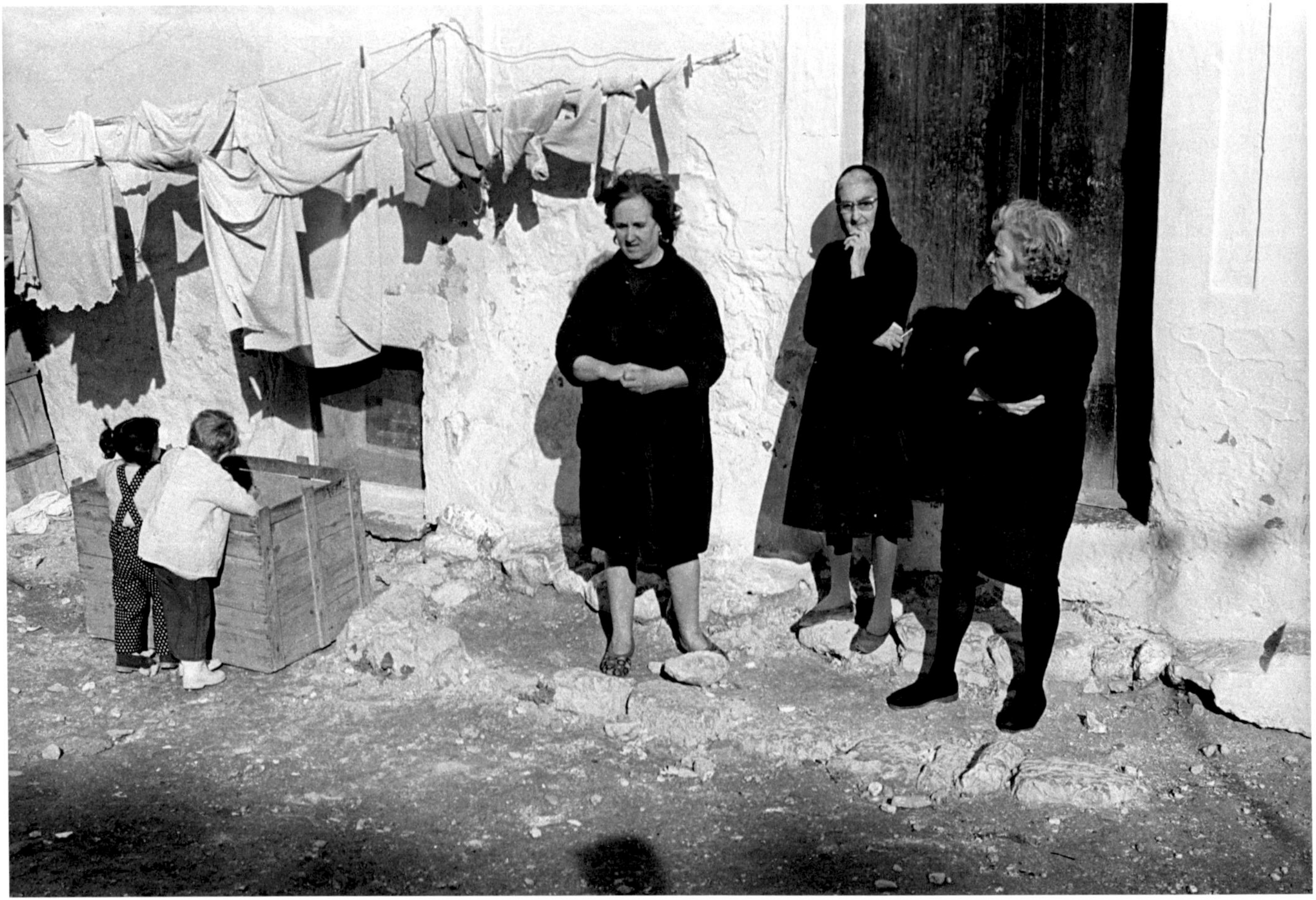

✻ Sa Penya

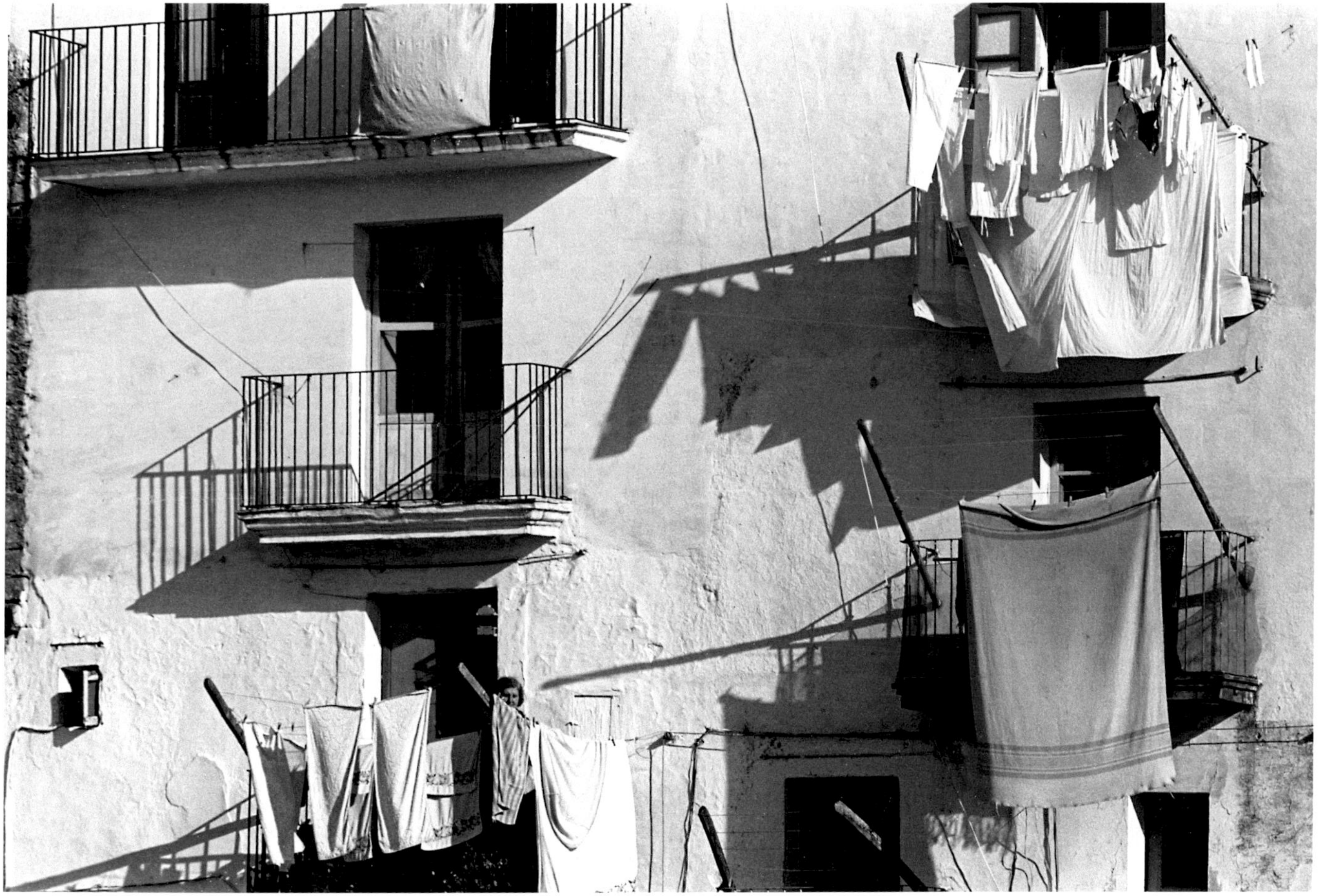

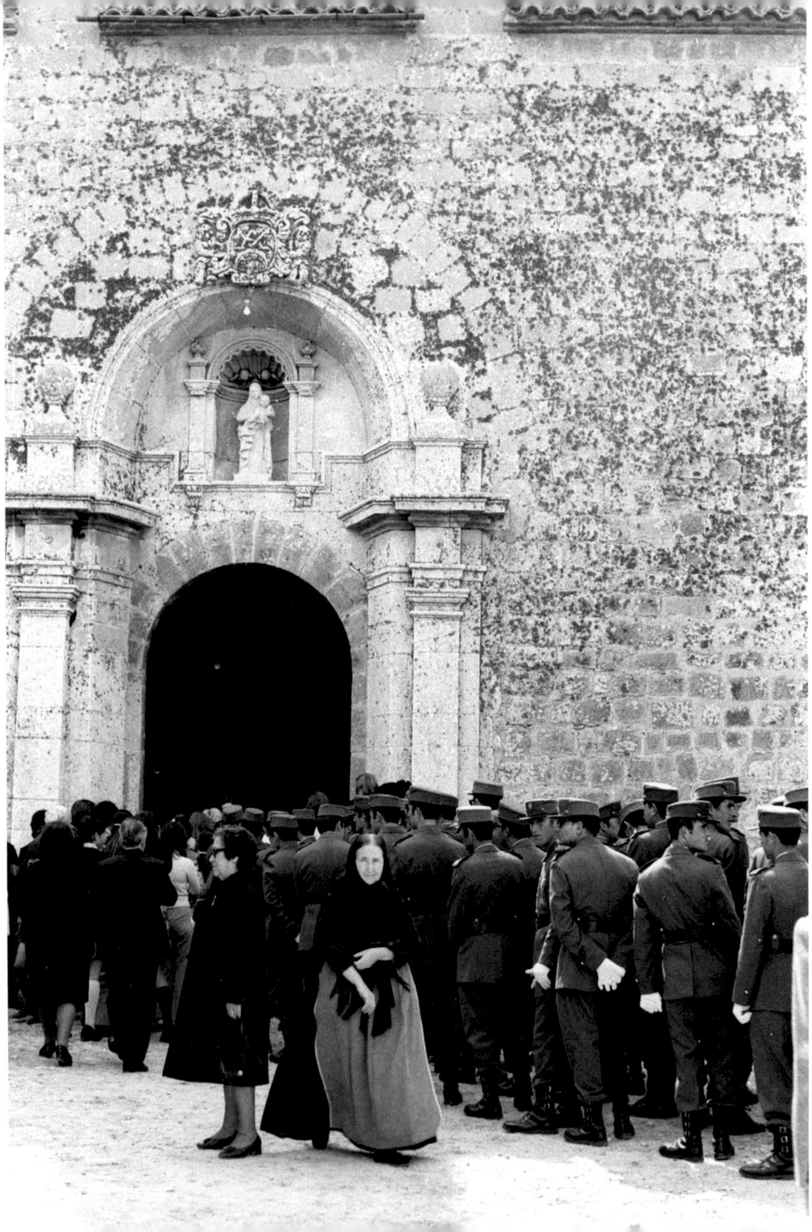

✻ Dalt Vila

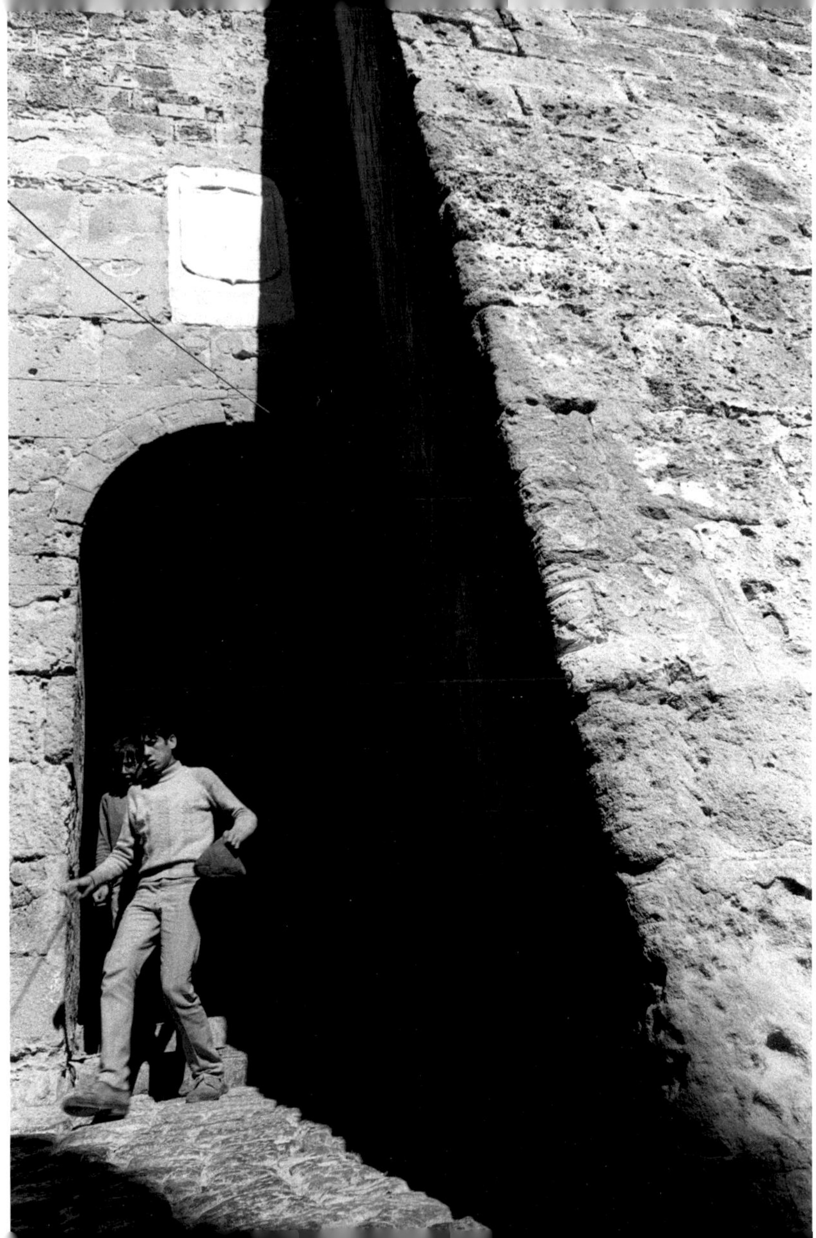

✻ Portal Nou

44

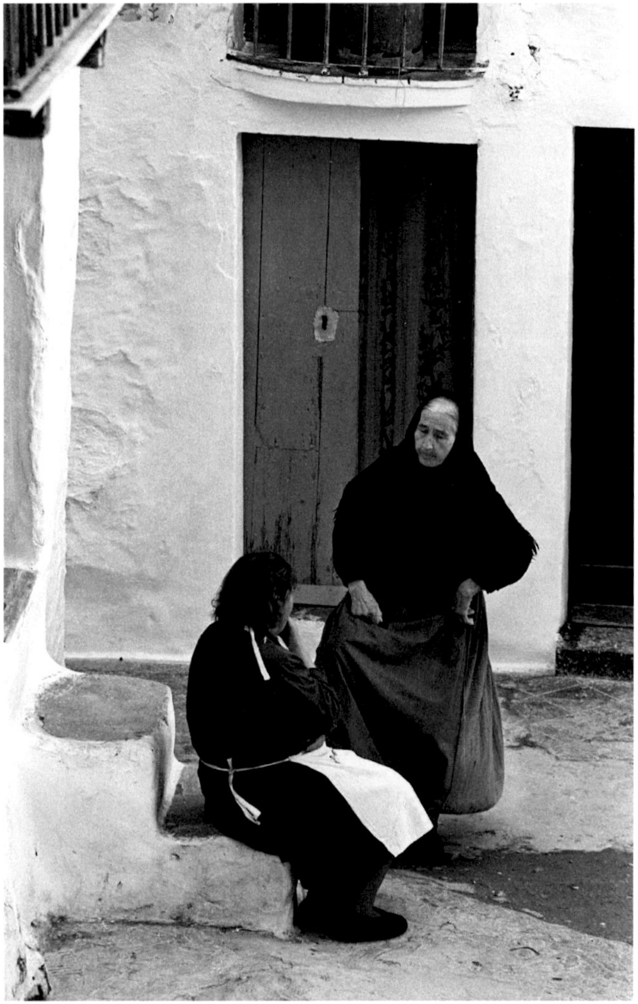

❋ Sa Penya

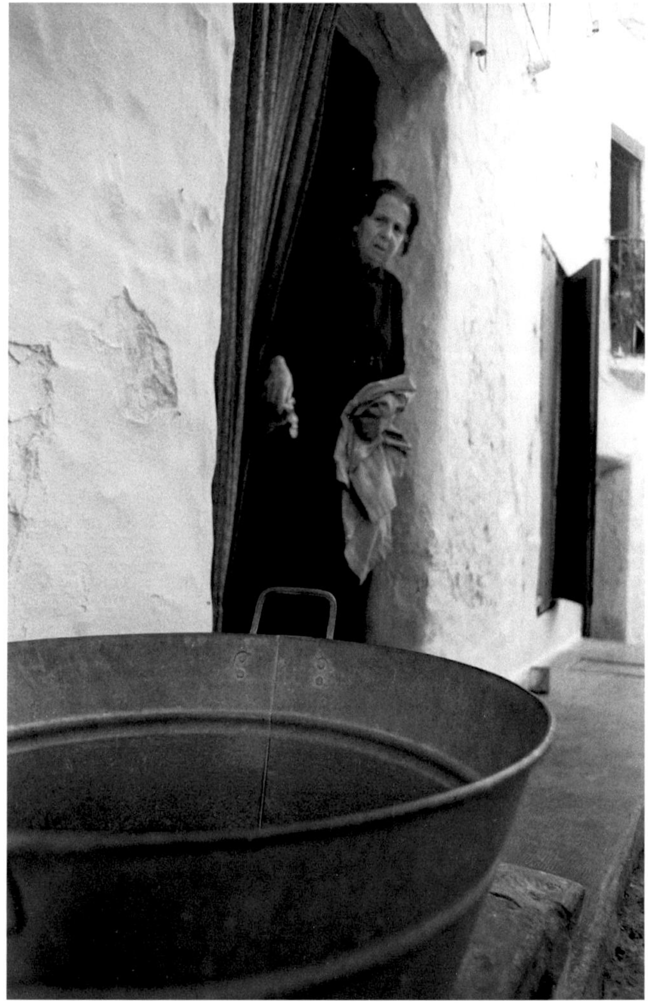

❋ Sa Penya

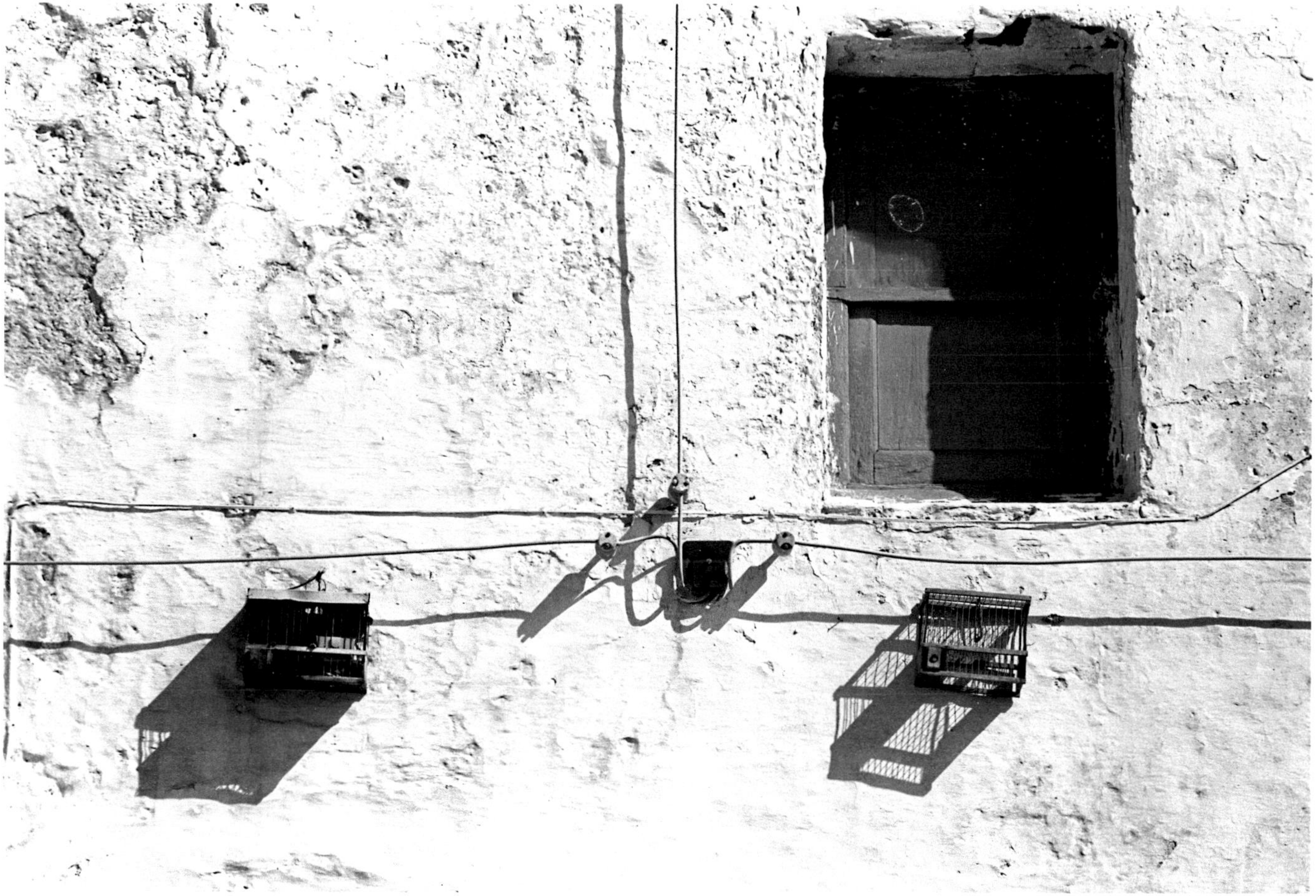

✻ Dalt Vila

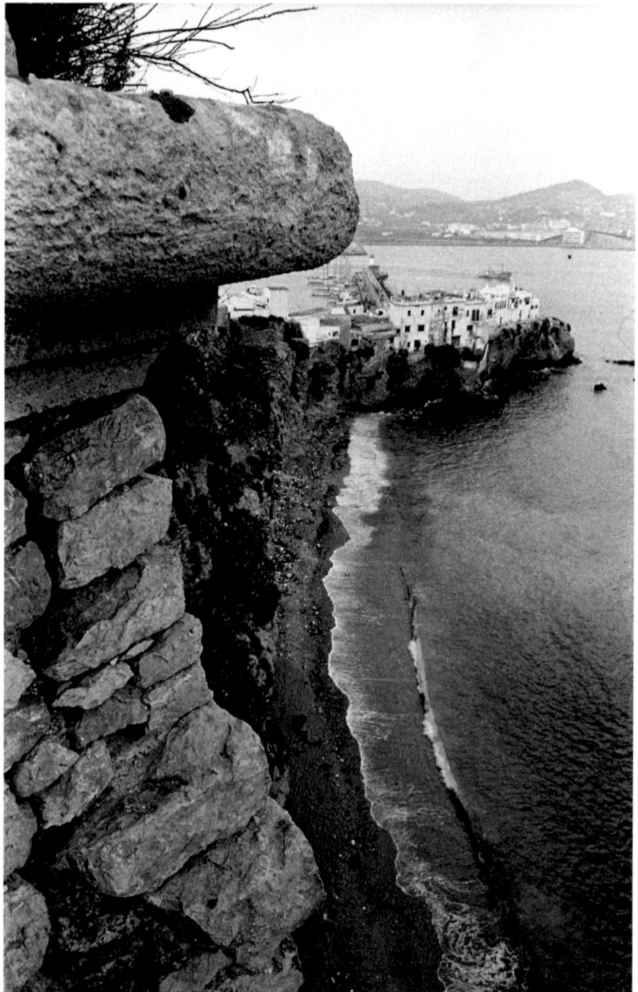

✻ Sa Penya

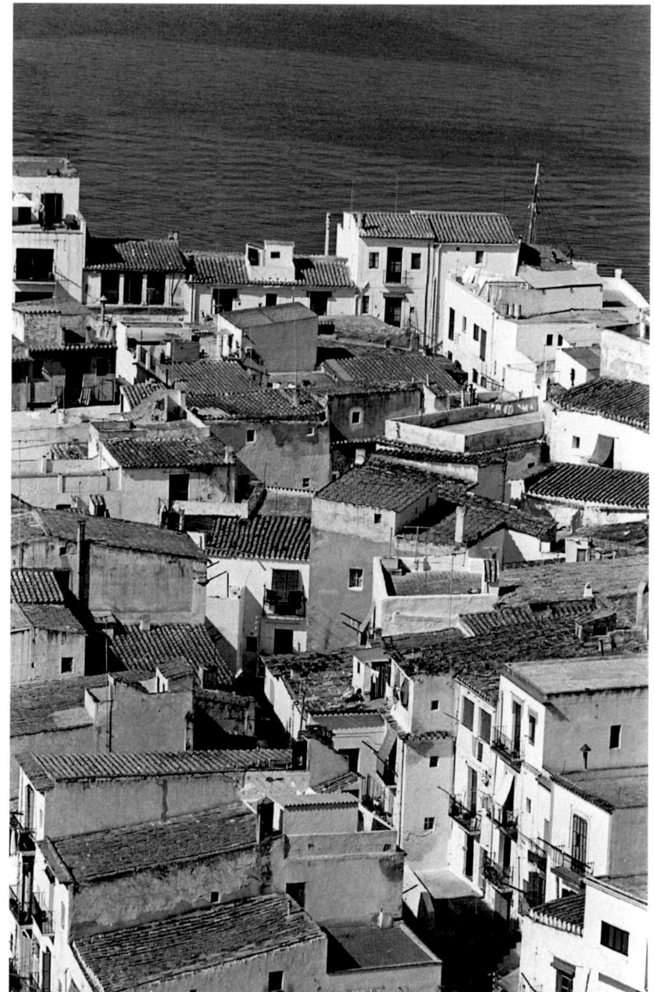

✻ La Marina

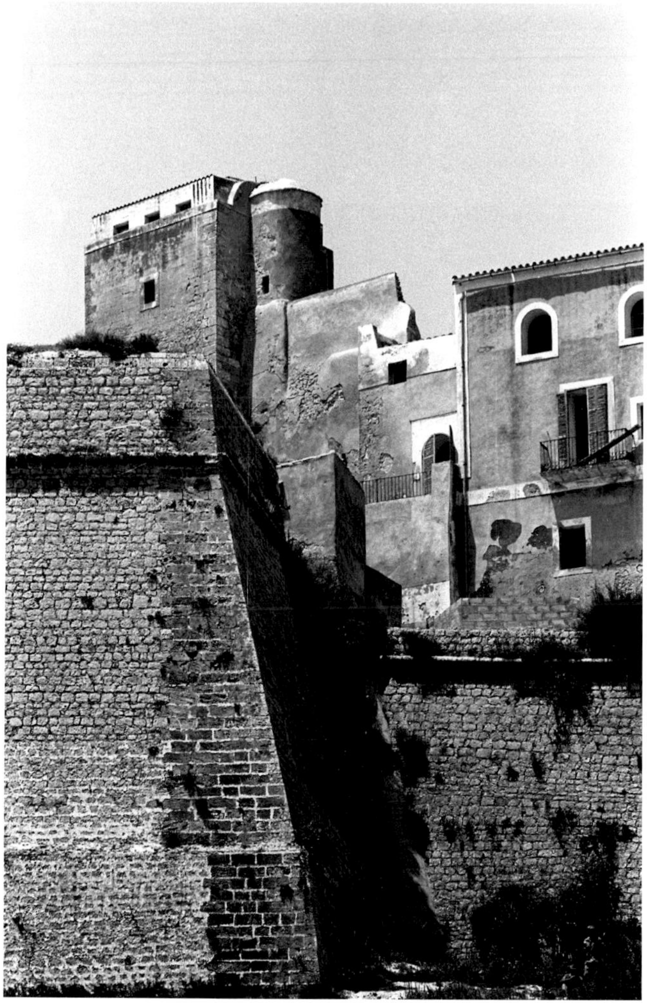

⁕ Dalt Vila

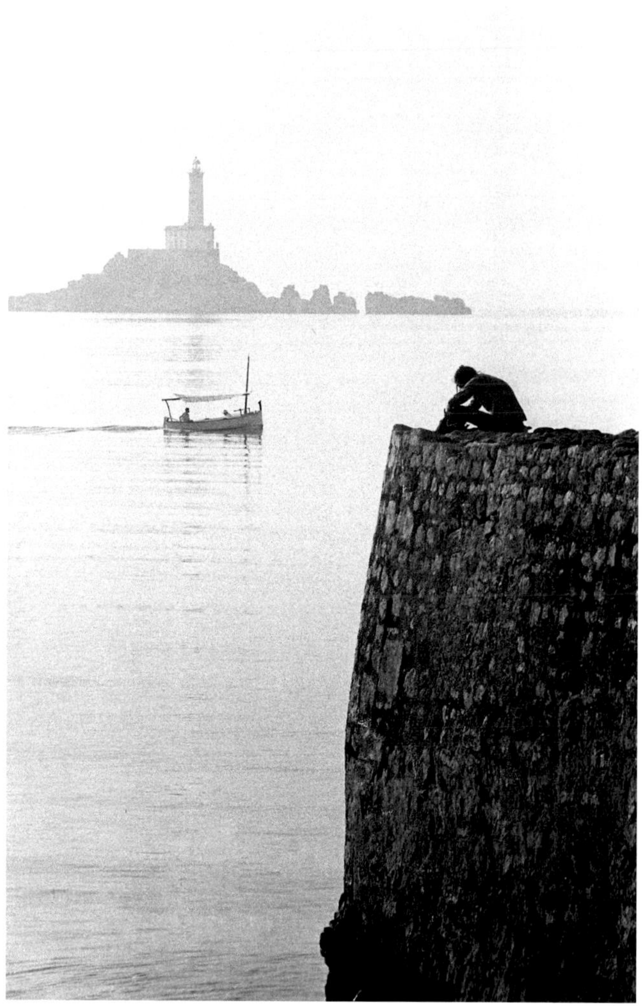

⁕ Far des Botafoc

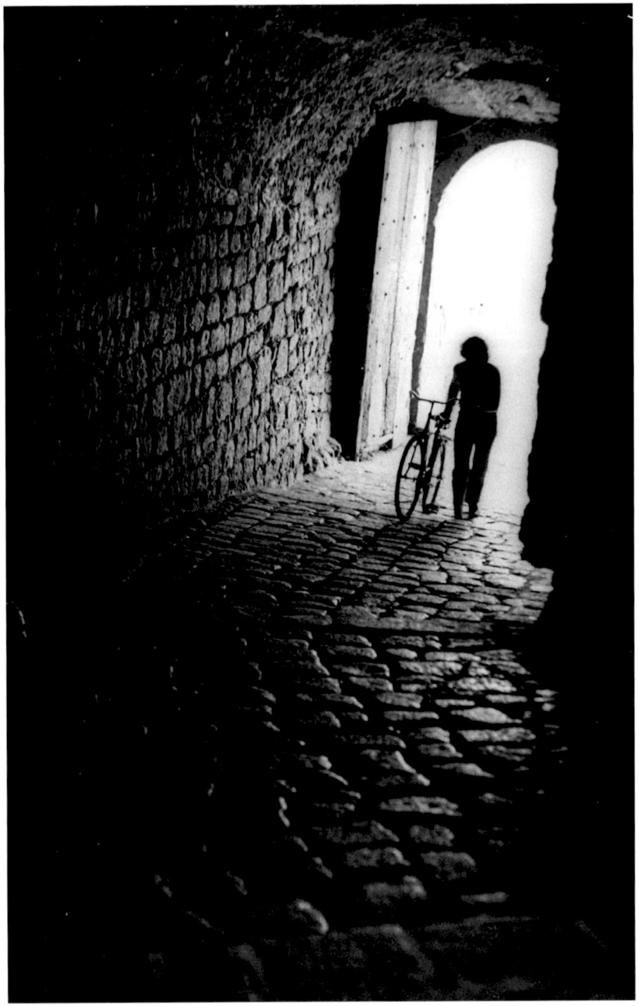

✻ Portal Nou

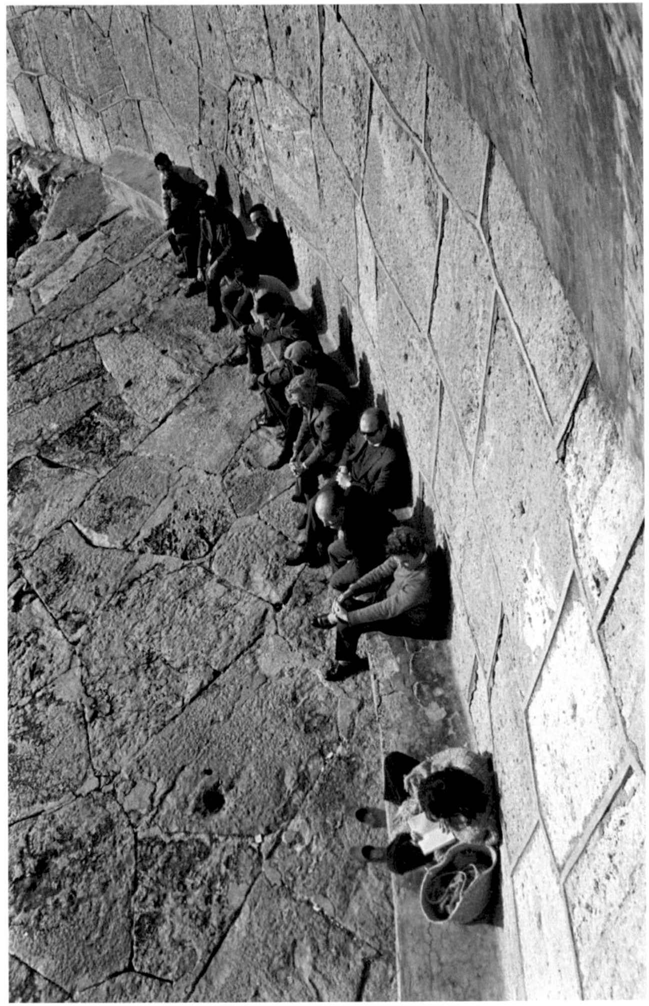

✻ Port d'Eivissa. "Es Muro"

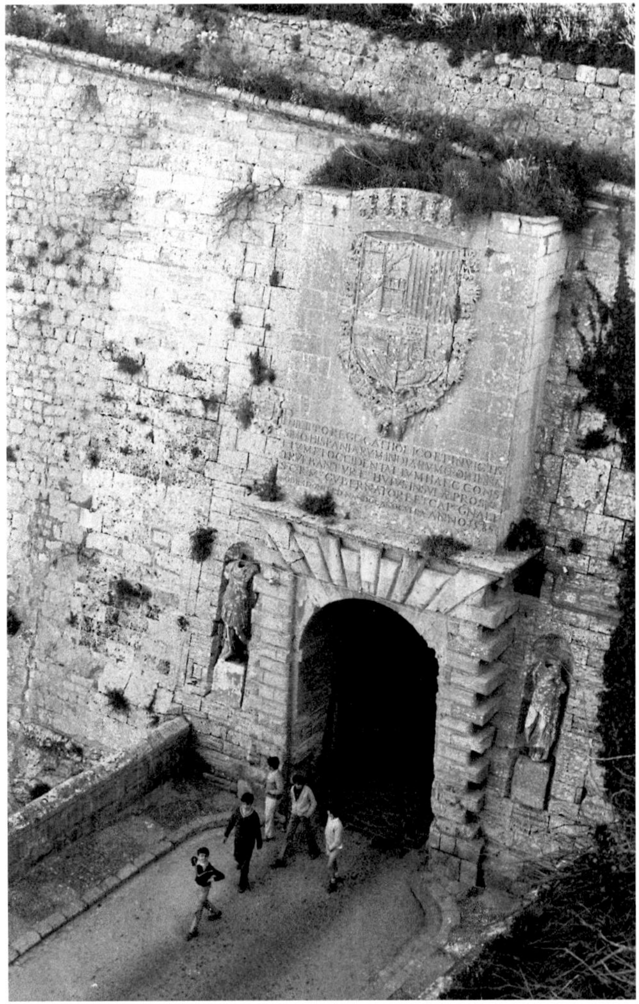

⁕ Portal de ses Taules

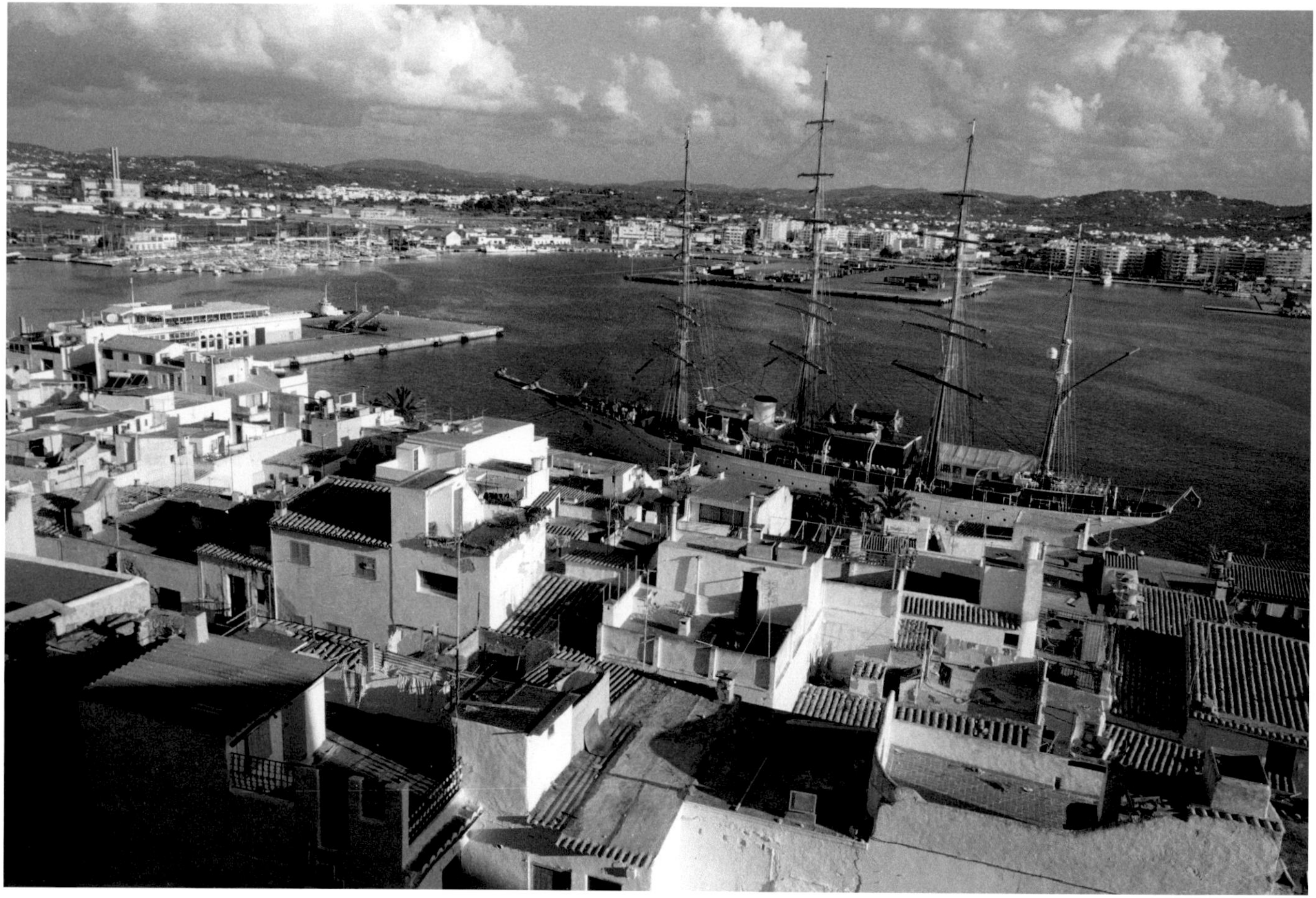

✻ La Marina

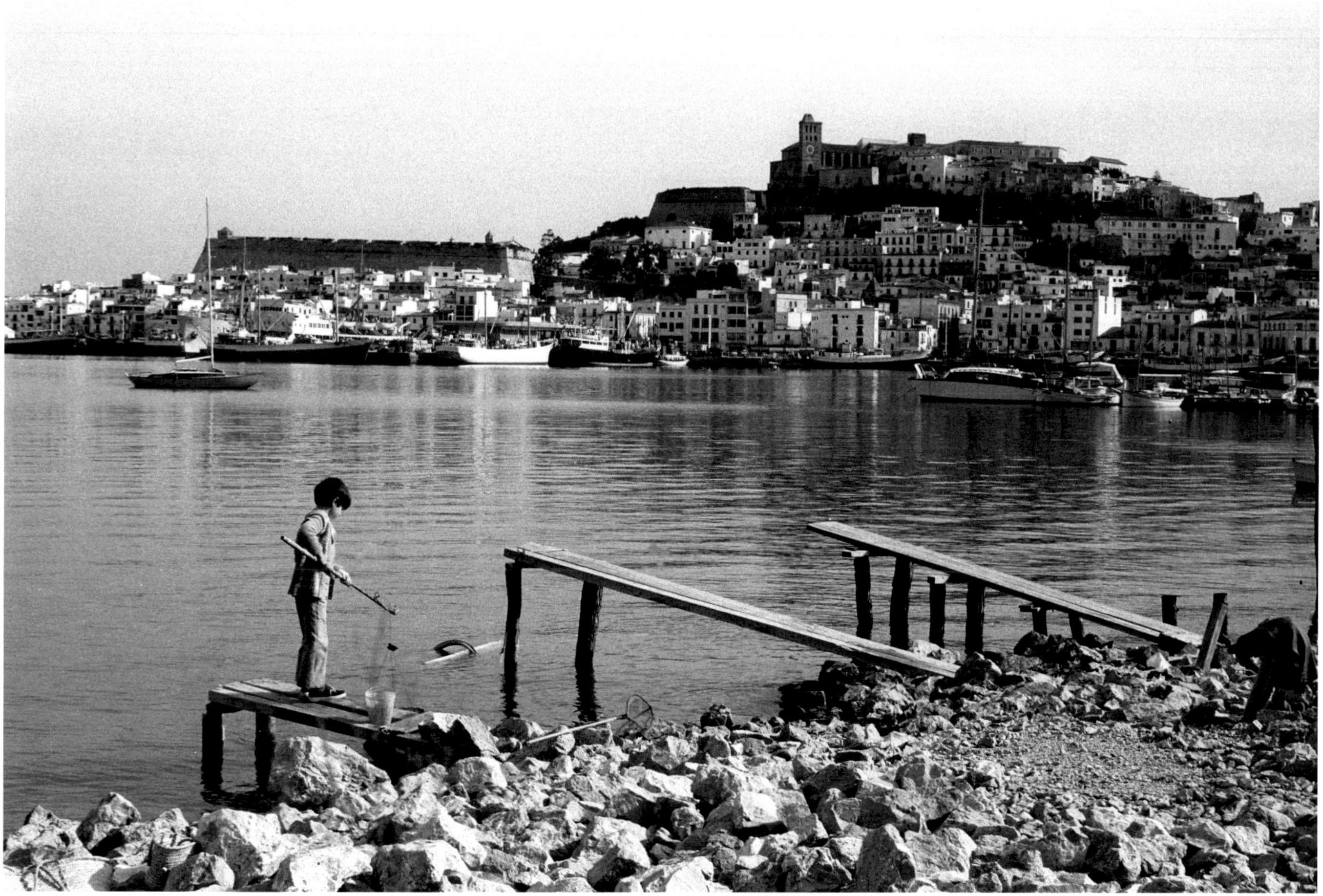

* Port d'Eivissa

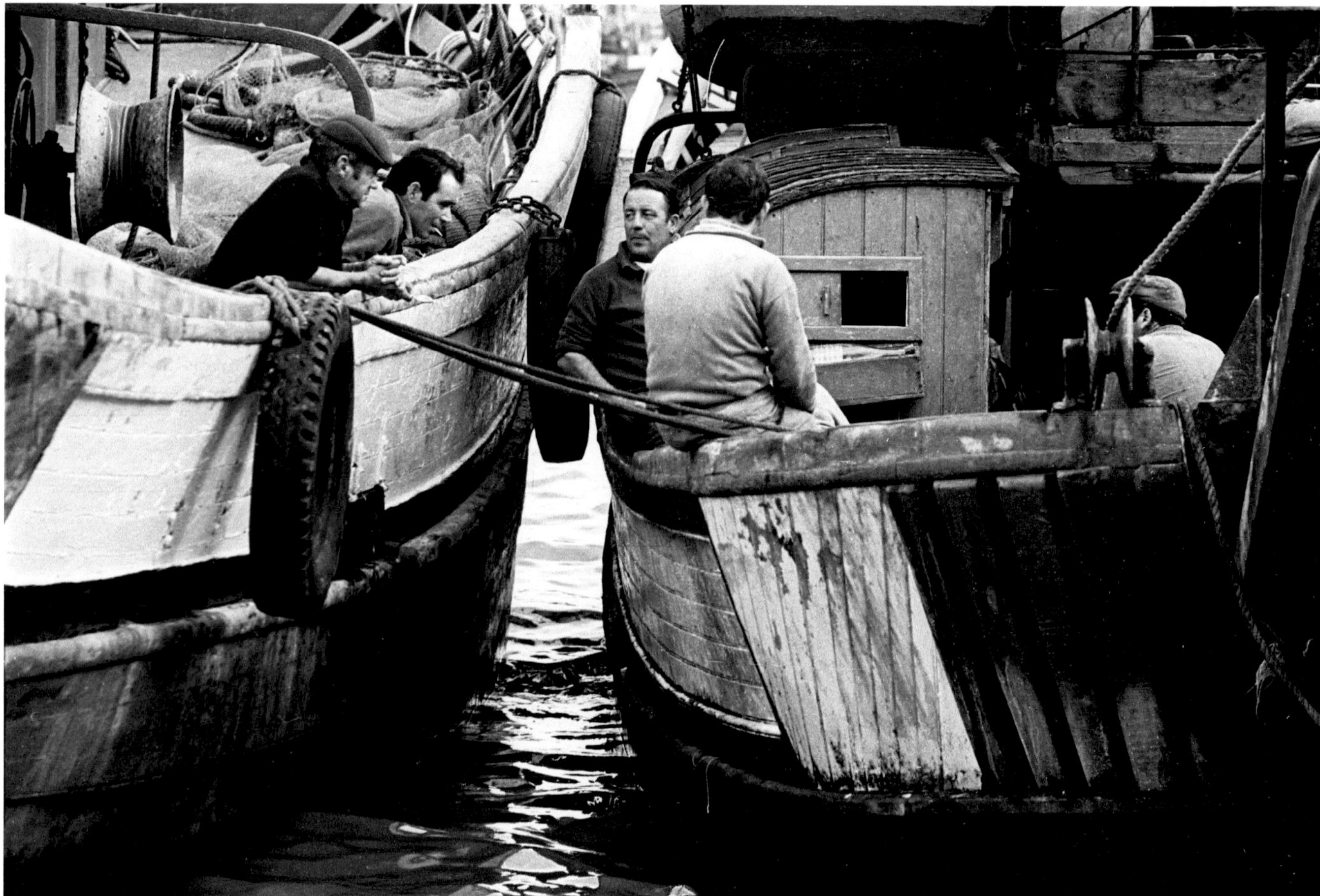

✻ Port d'Eivissa

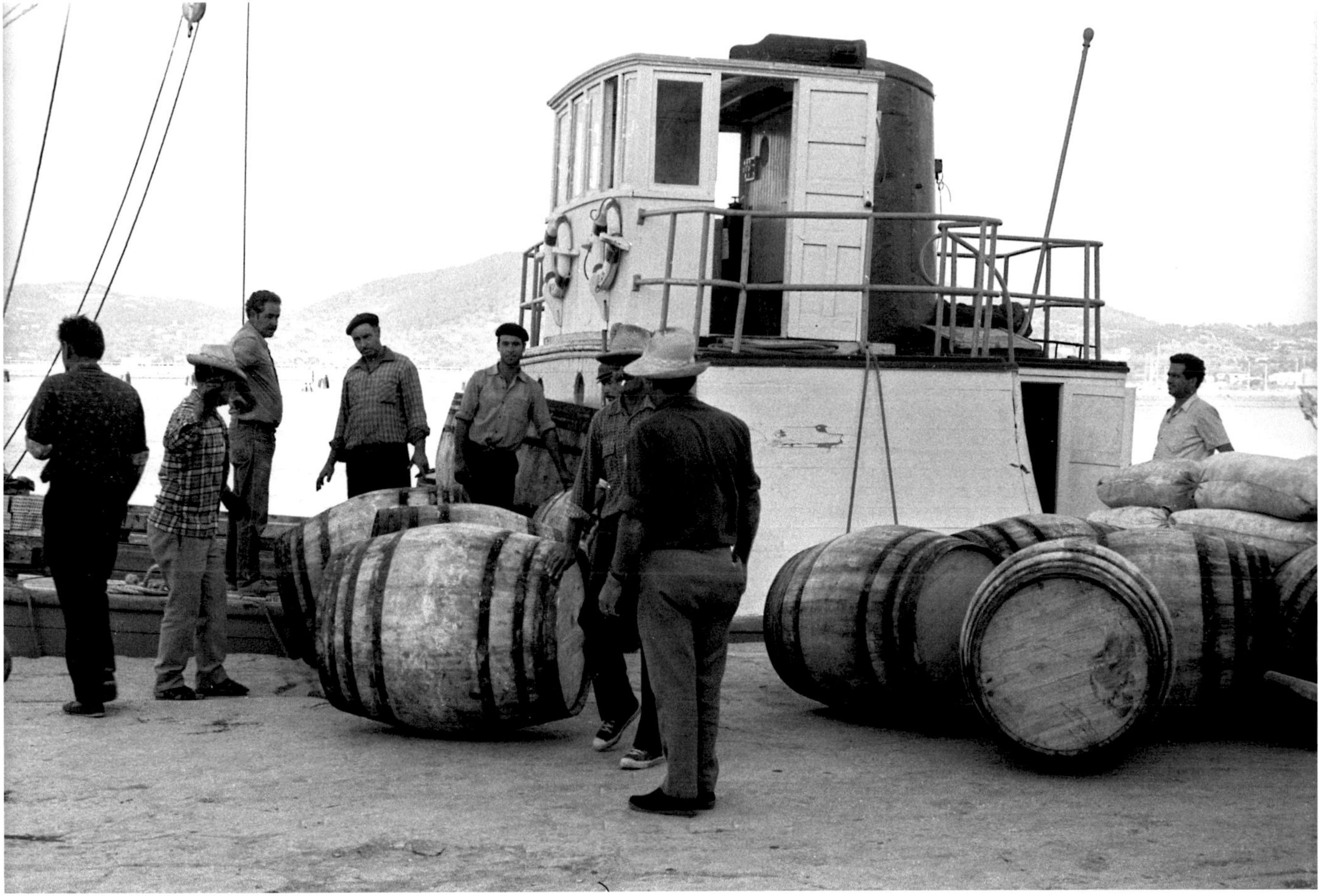

✻ Port d'Eivissa

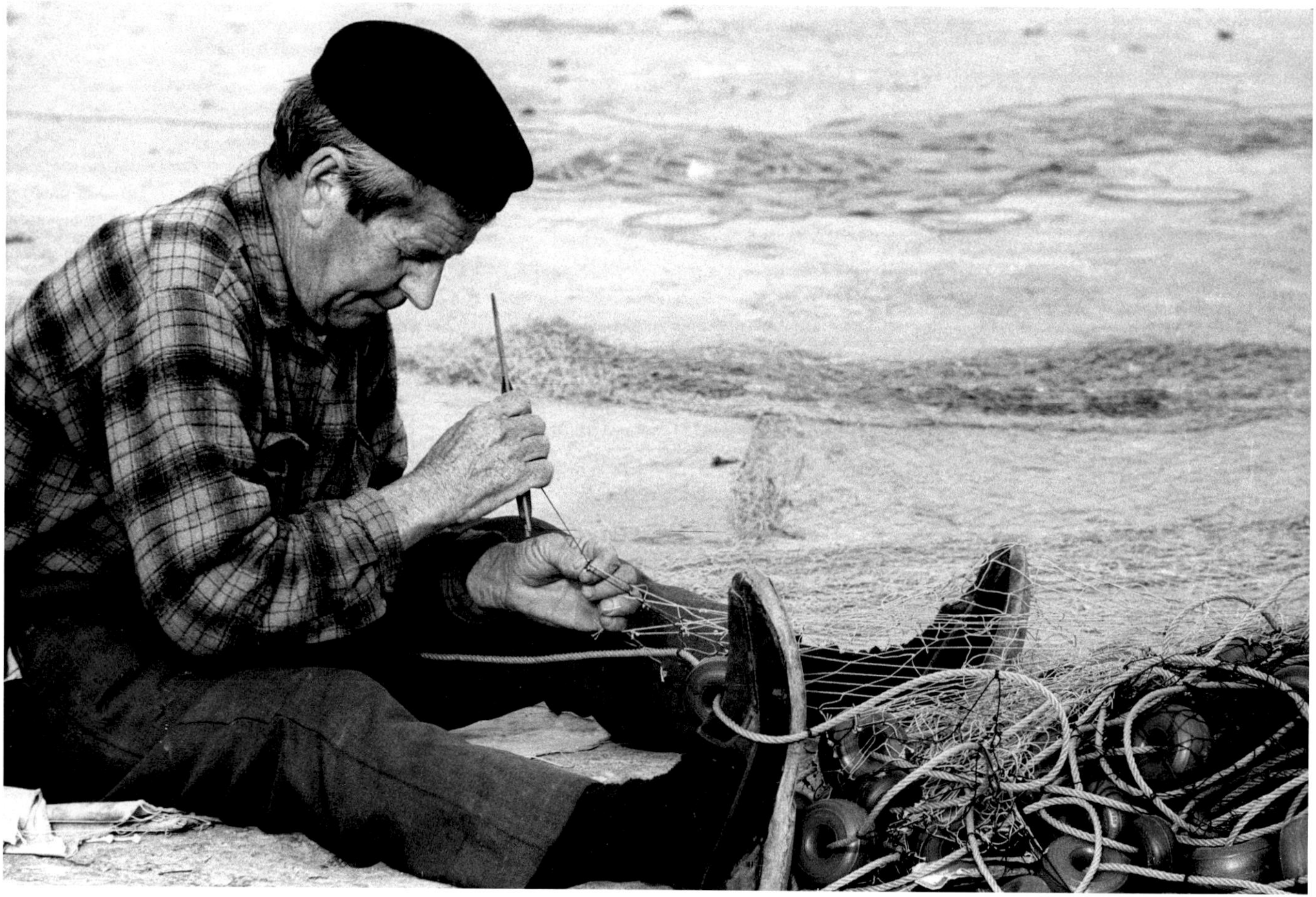

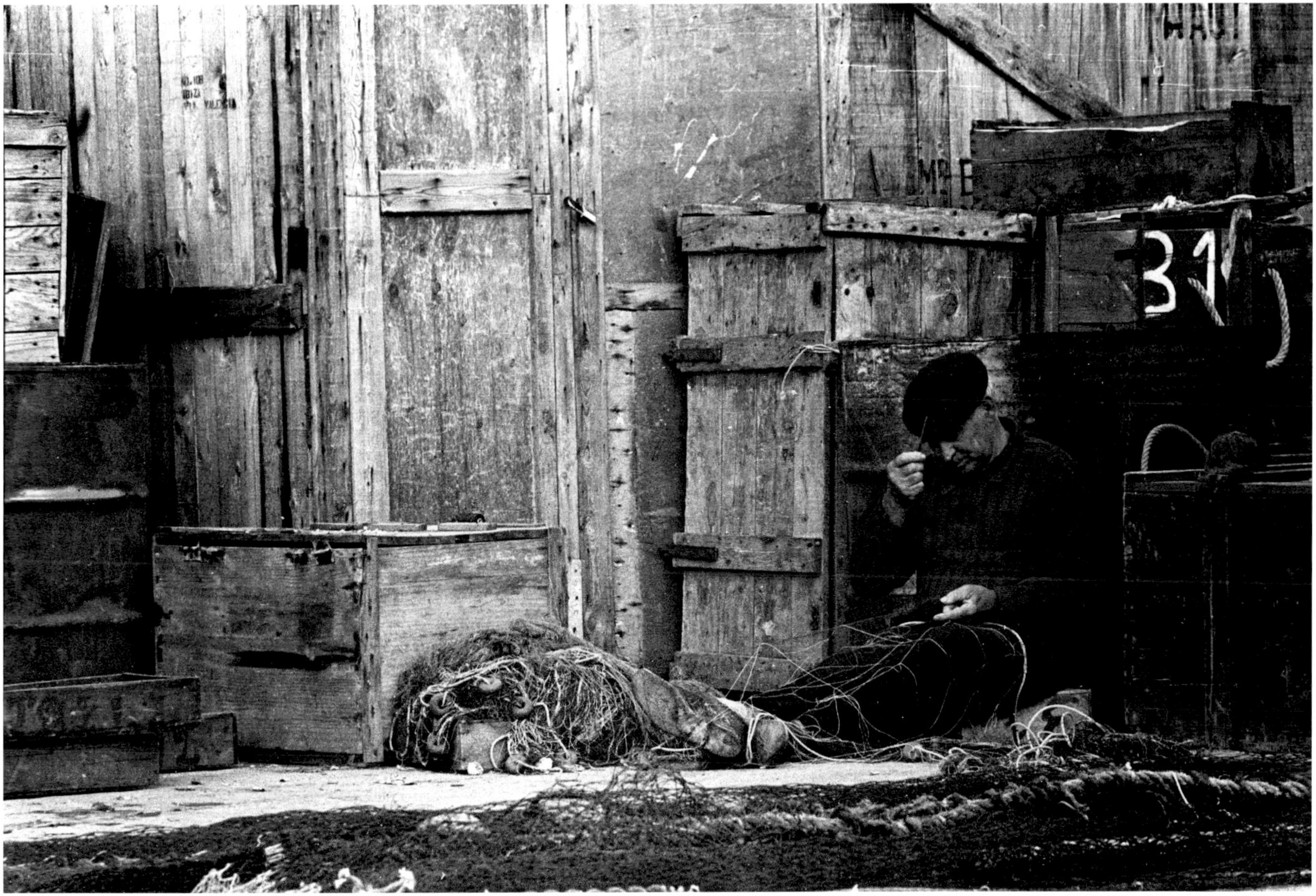

La Marina

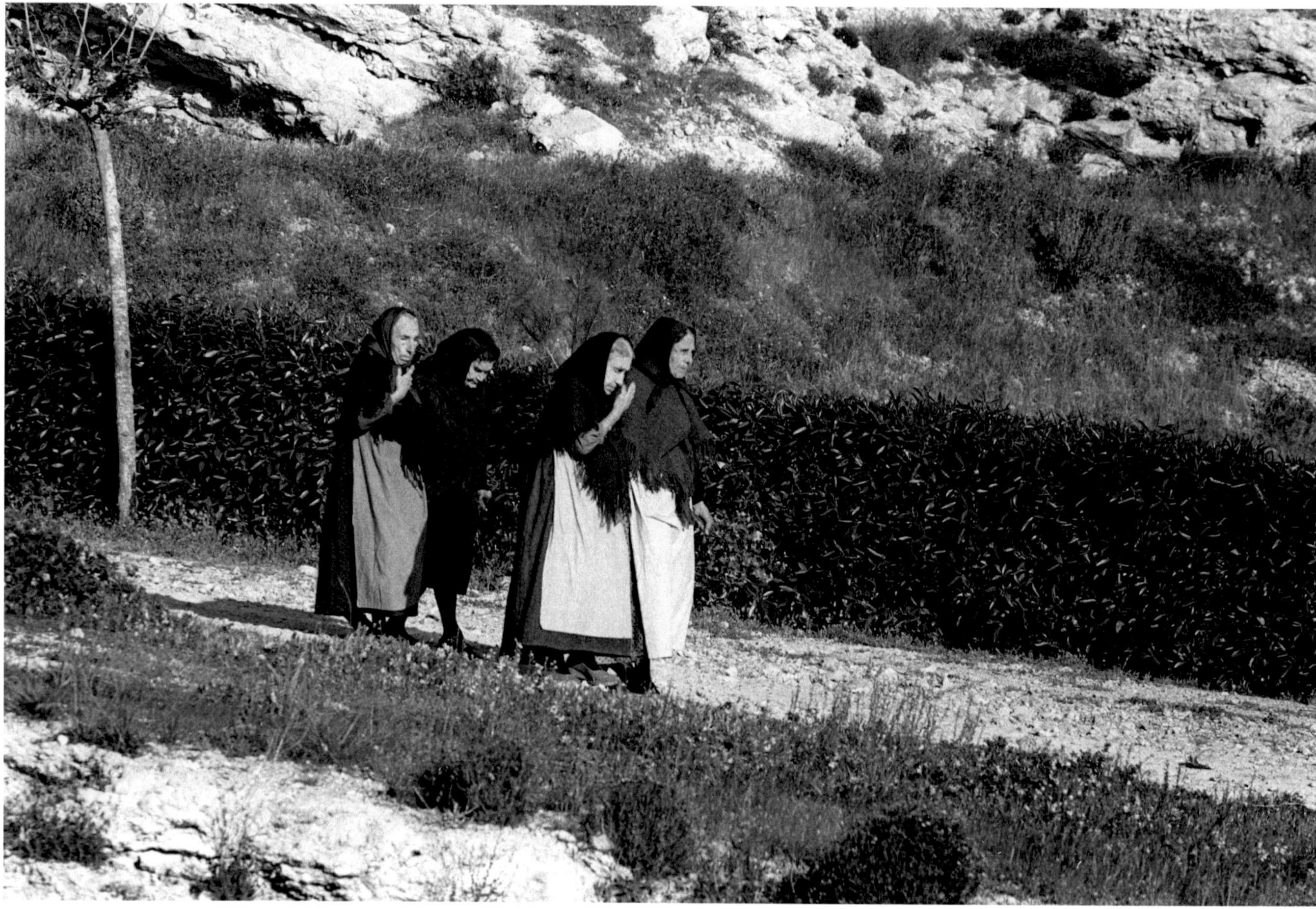

❋ Puig des Molins

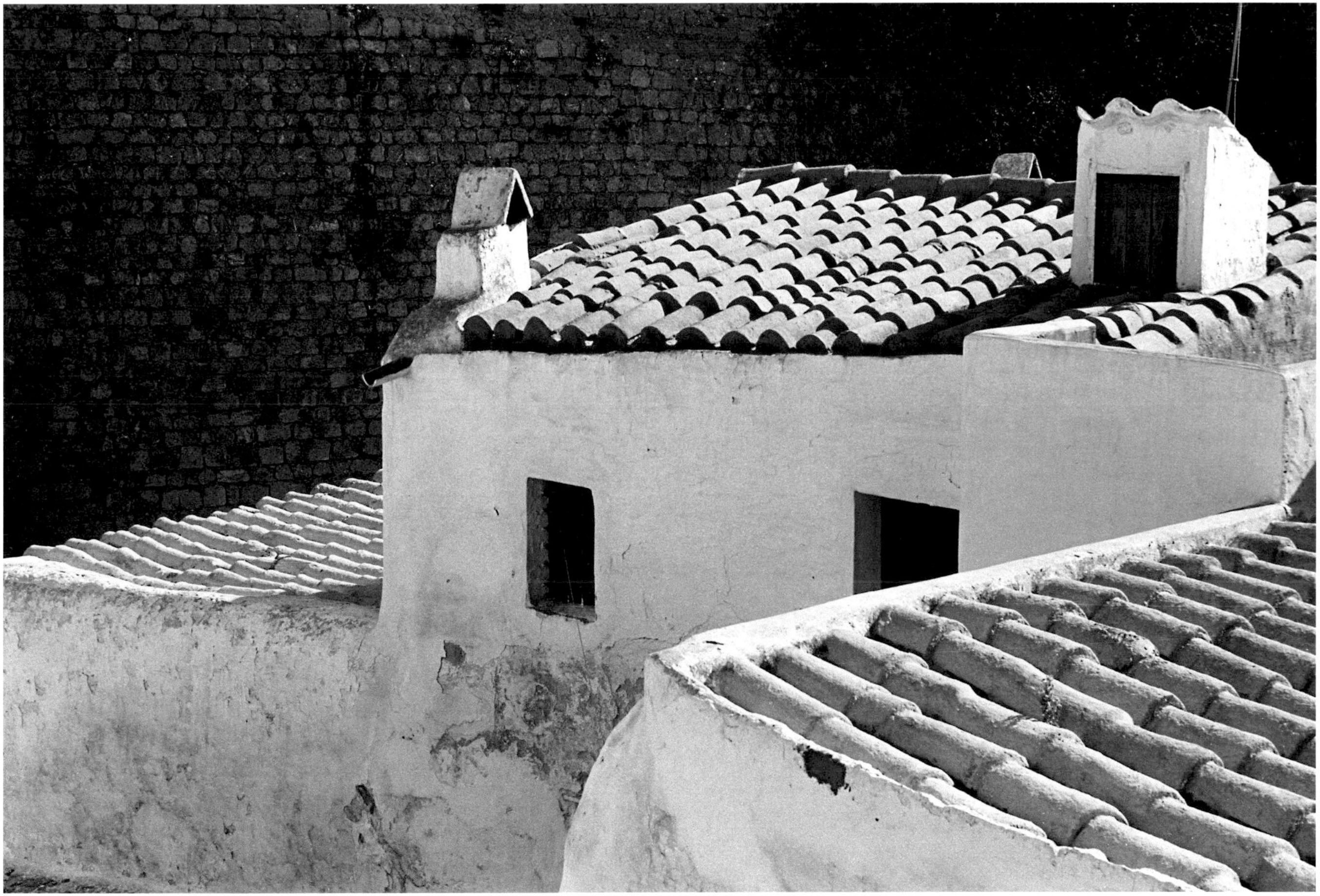

✻ Sa Penya

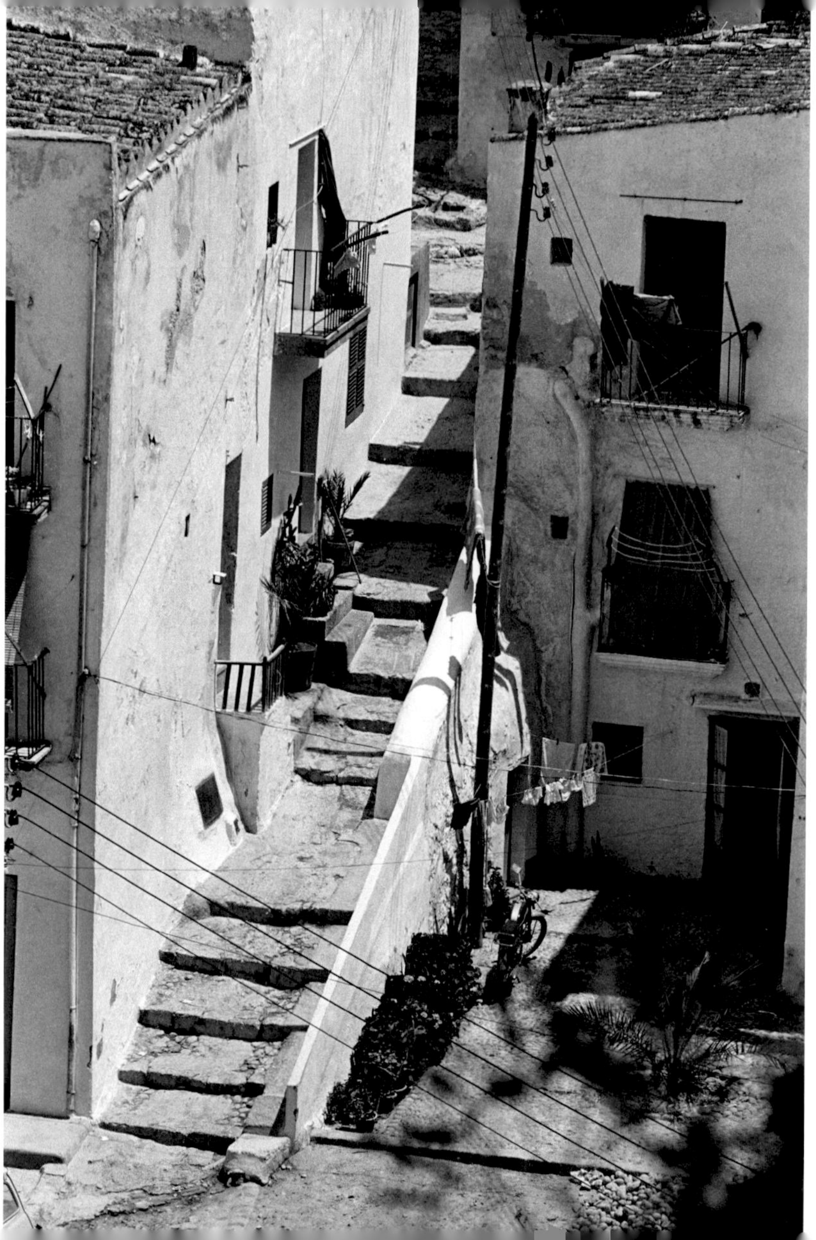

❋ Sa Penya

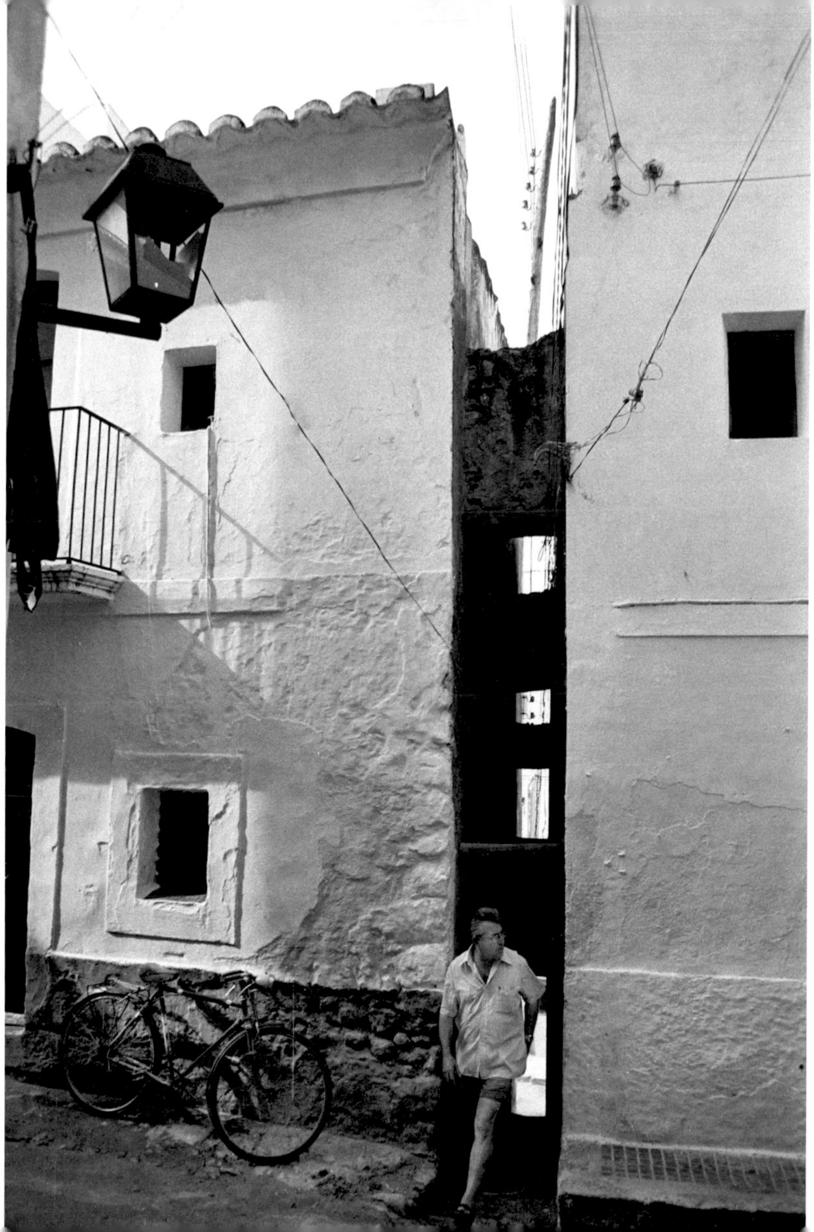

❋ Sa Penya

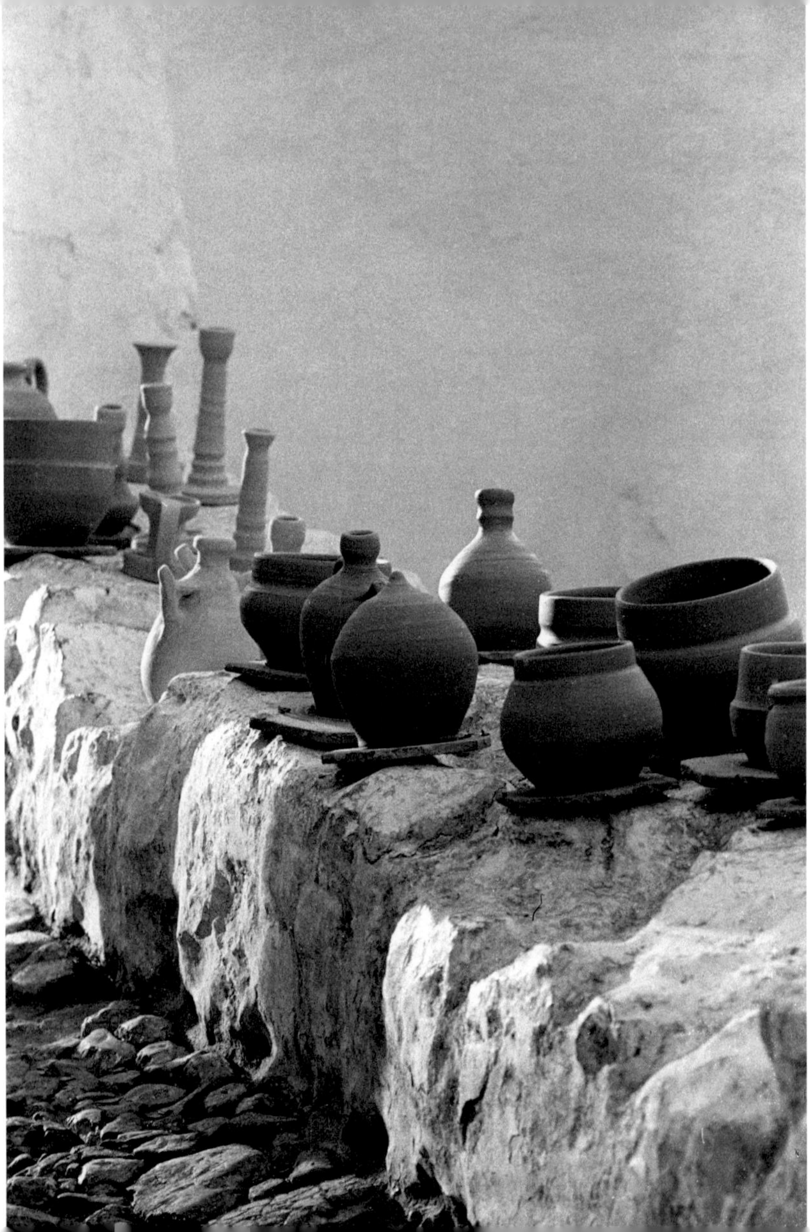

* Sa Penya

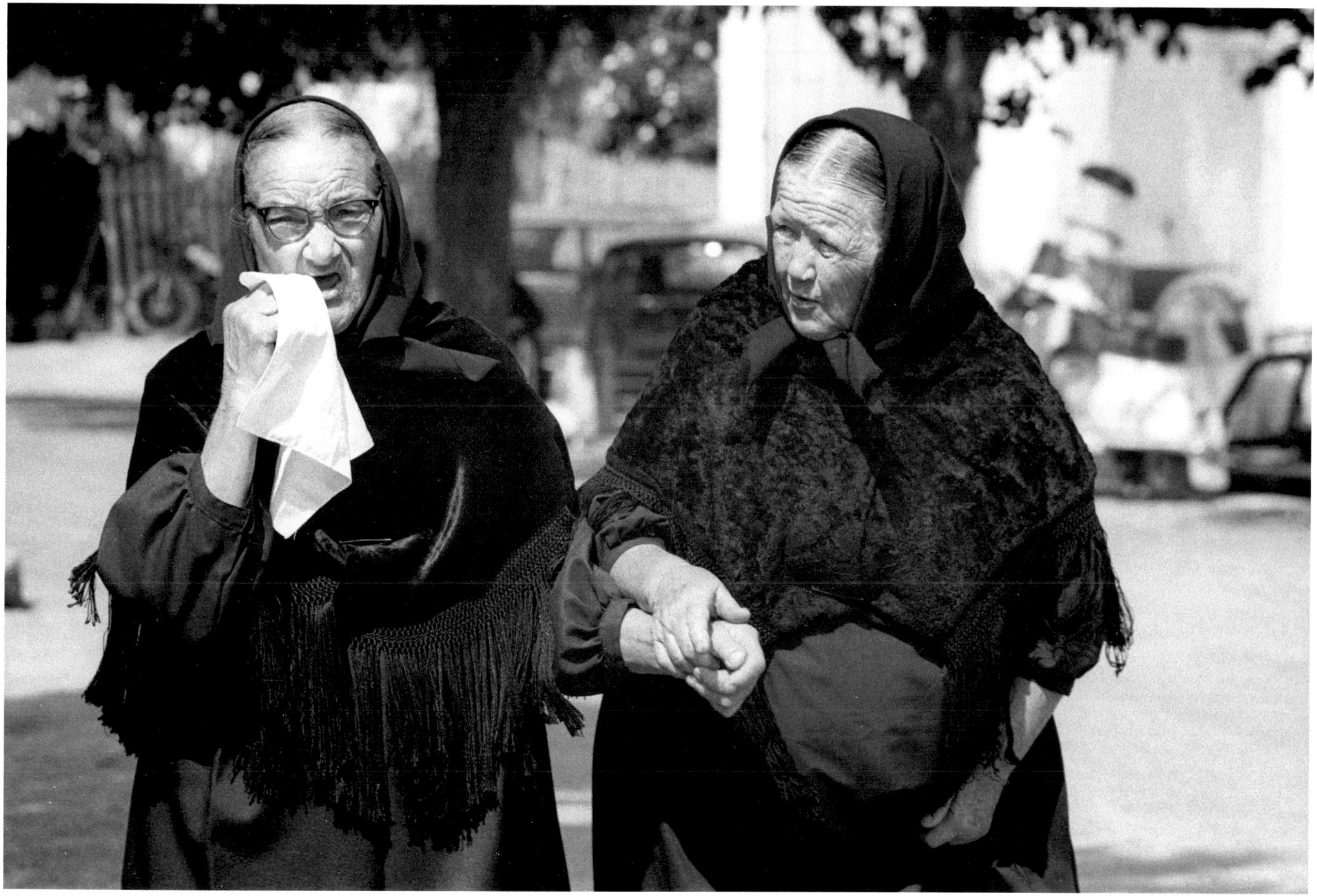

✻ Es Pratet

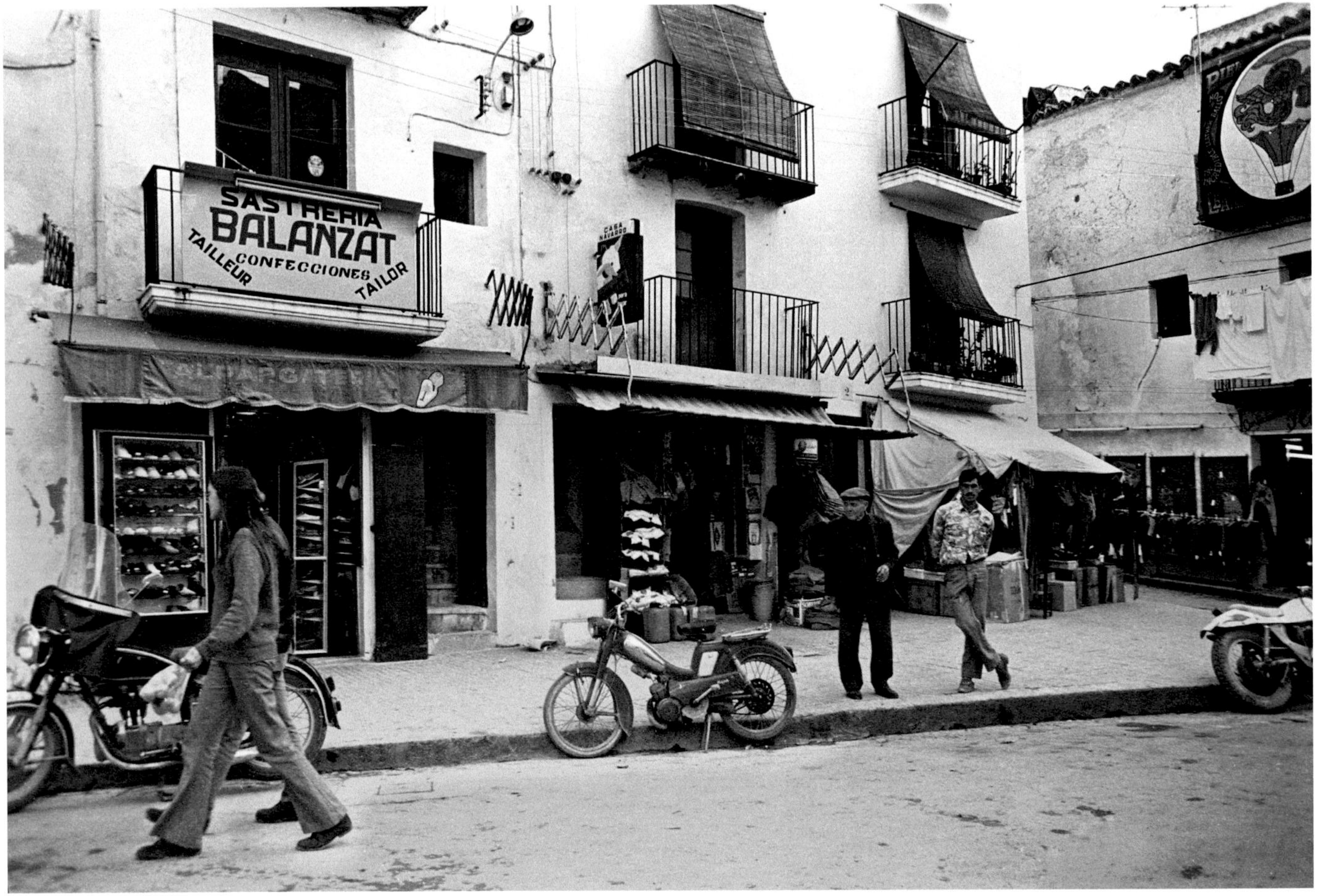
SASTRERIA
BALANZAT
CONFECCIONES
TAILLEUR
TAILOR
ALPARGATERIA

❋ La Marina

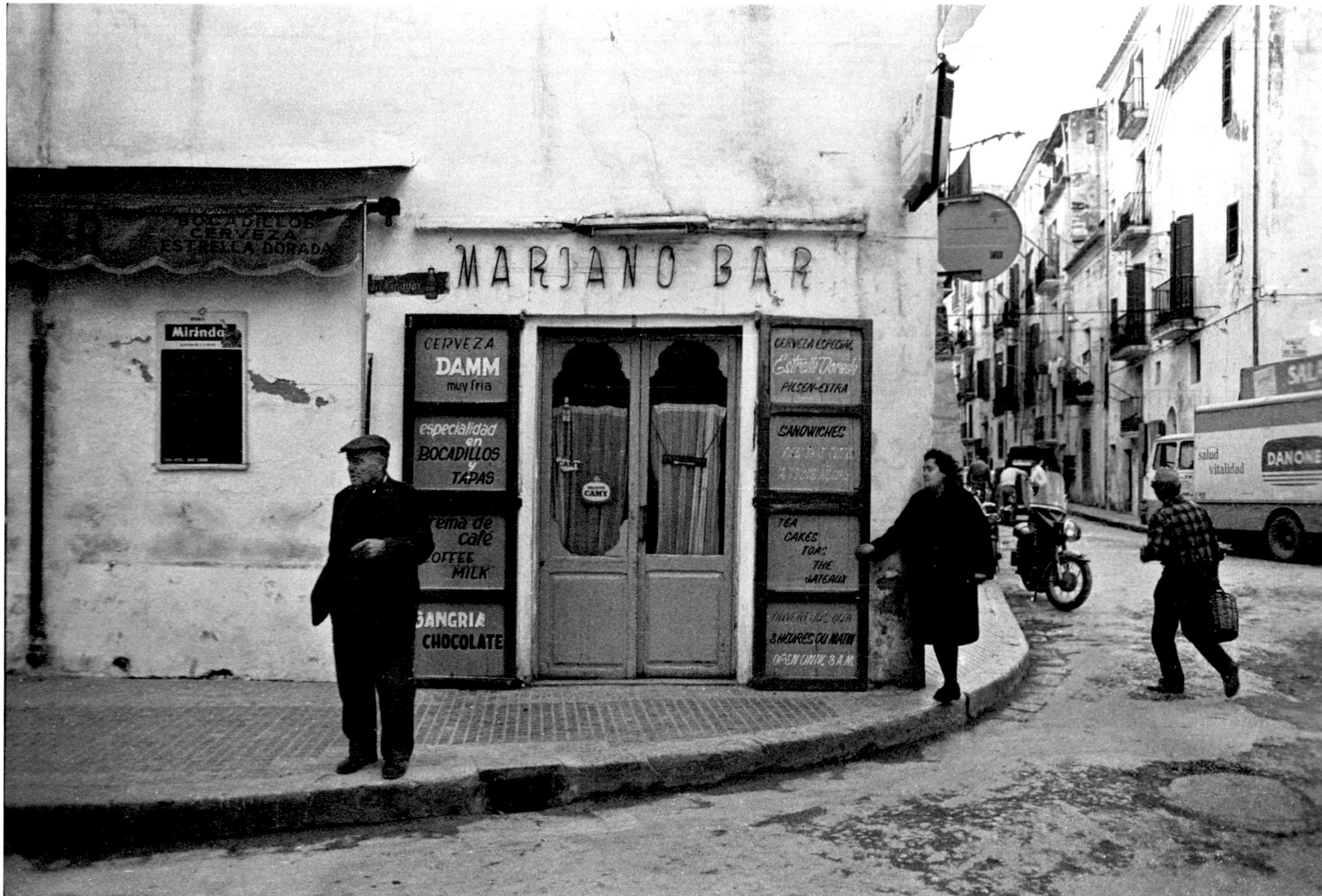
BOCADILLOS
CERVEZA
ESTRELLA DORADA
Mirinda
MARIANO BAR
CERVEZA
DAMM
muy fria
especialidad
en
BOCADILLOS
y
TAPAS
SANGRIA
CHOCOLATE
CAMY
CERVEZA ESPECIAL
Estrella Dorada
PILSEN-EXTRA
SANDWICHES
TEA
CAKES
OPEN UNTIL 3 A.M.
salud
vitalidad
DANONE

❋ La Marina

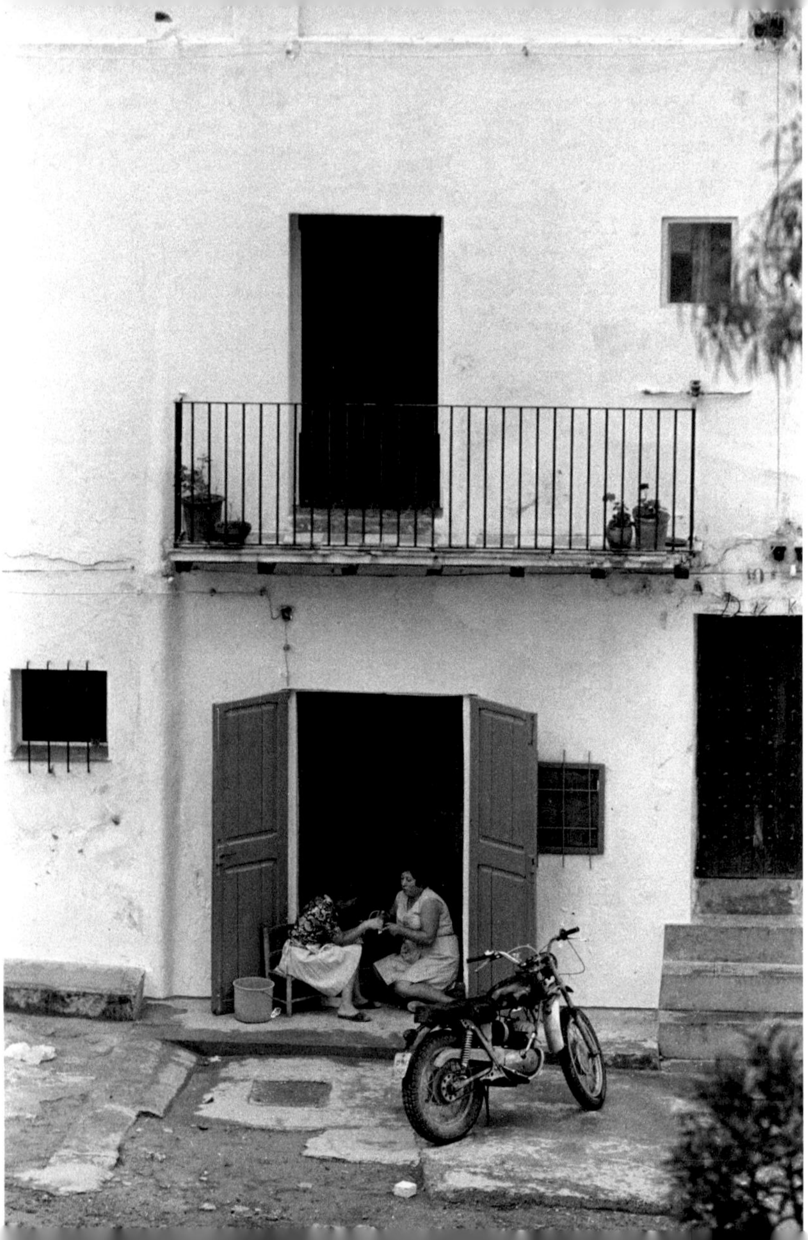

* Dalt Vila

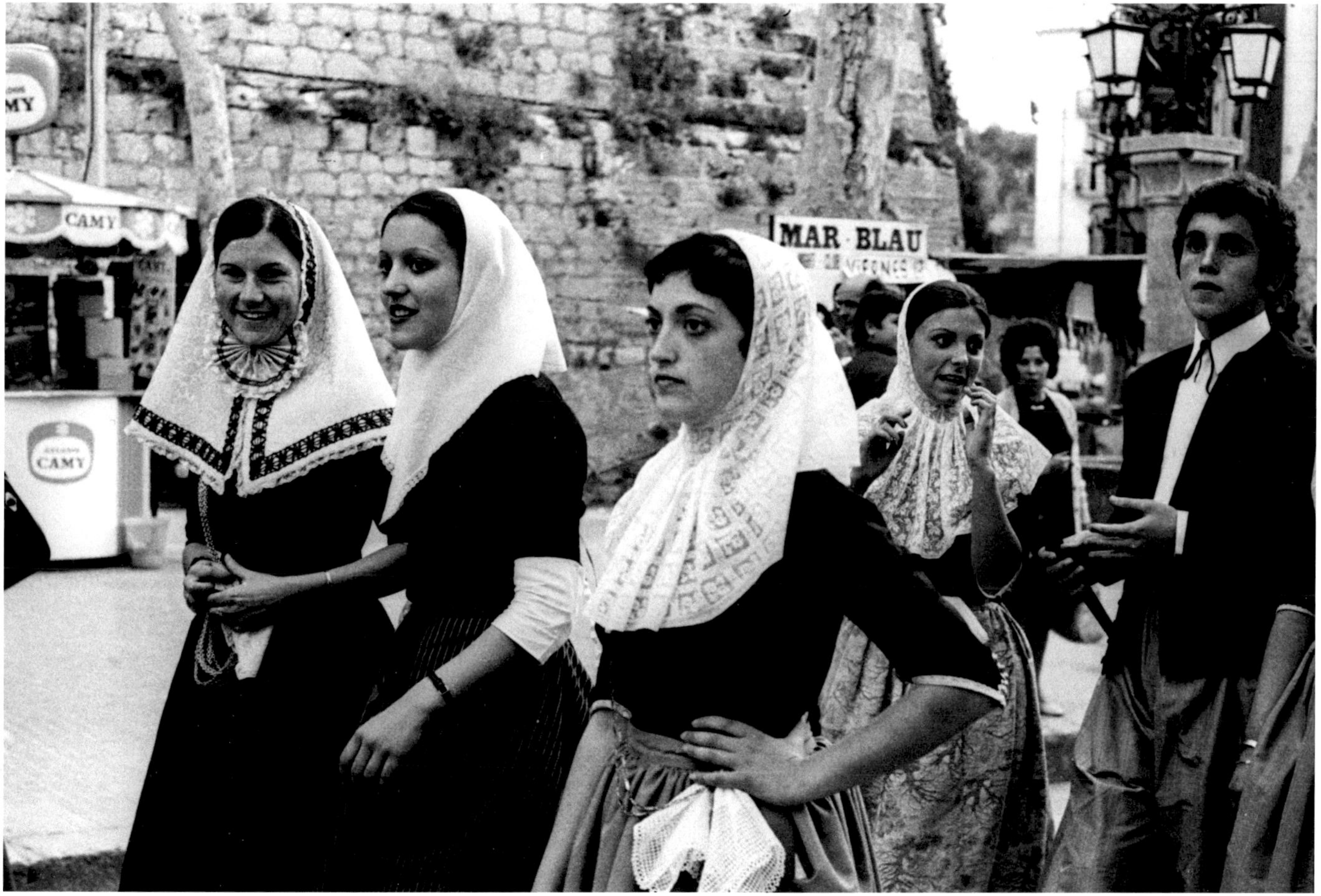

✻ La Marina

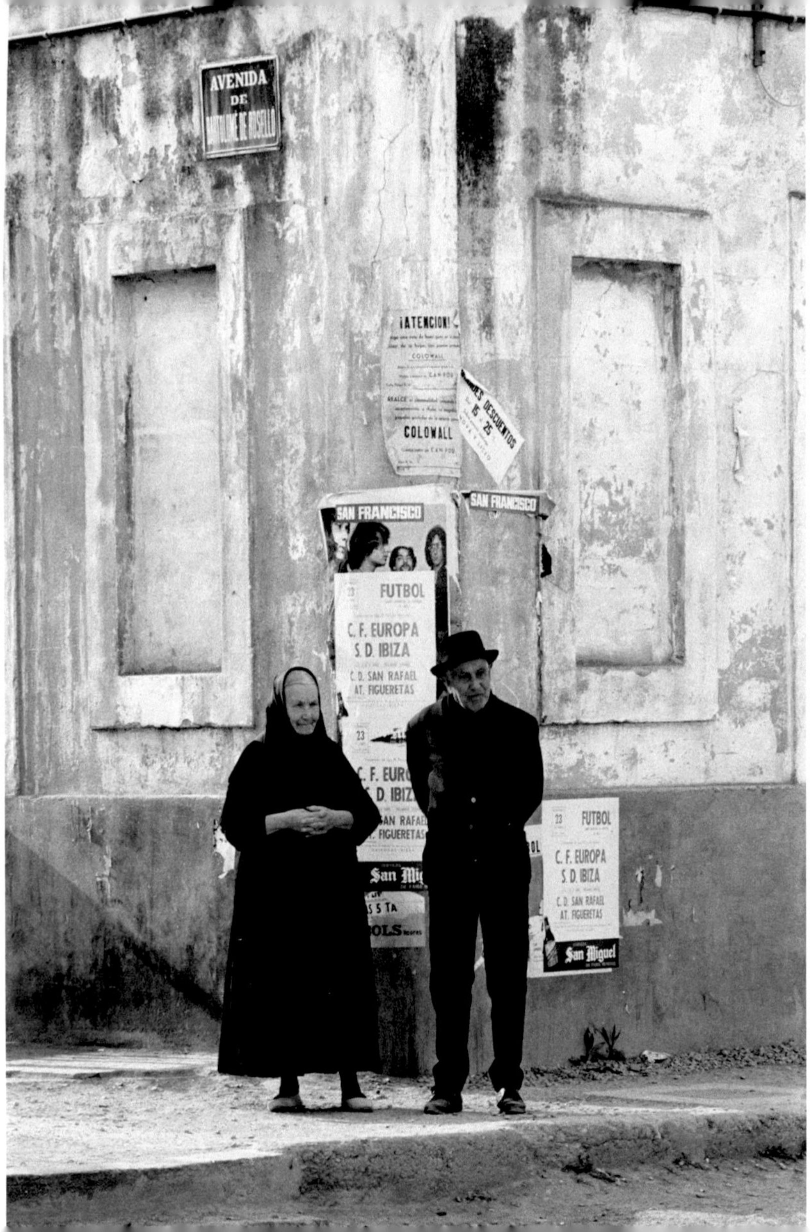
AVENIDA
DE
¡ATENCION!
COLOWALL
SAN FRANCISCO
SAN FRANCISCO
FUTBOL
C. F. EUROPA
S. D. IBIZA
C. D. SAN RAFAEL
AT. FIGUERETAS
FUTBOL
C. F. EUROPA
S. D. IBIZA
C. D. SAN RAFAEL
AT. FIGUERETAS
San Miguel
San Miguel

❋ Es Pratet

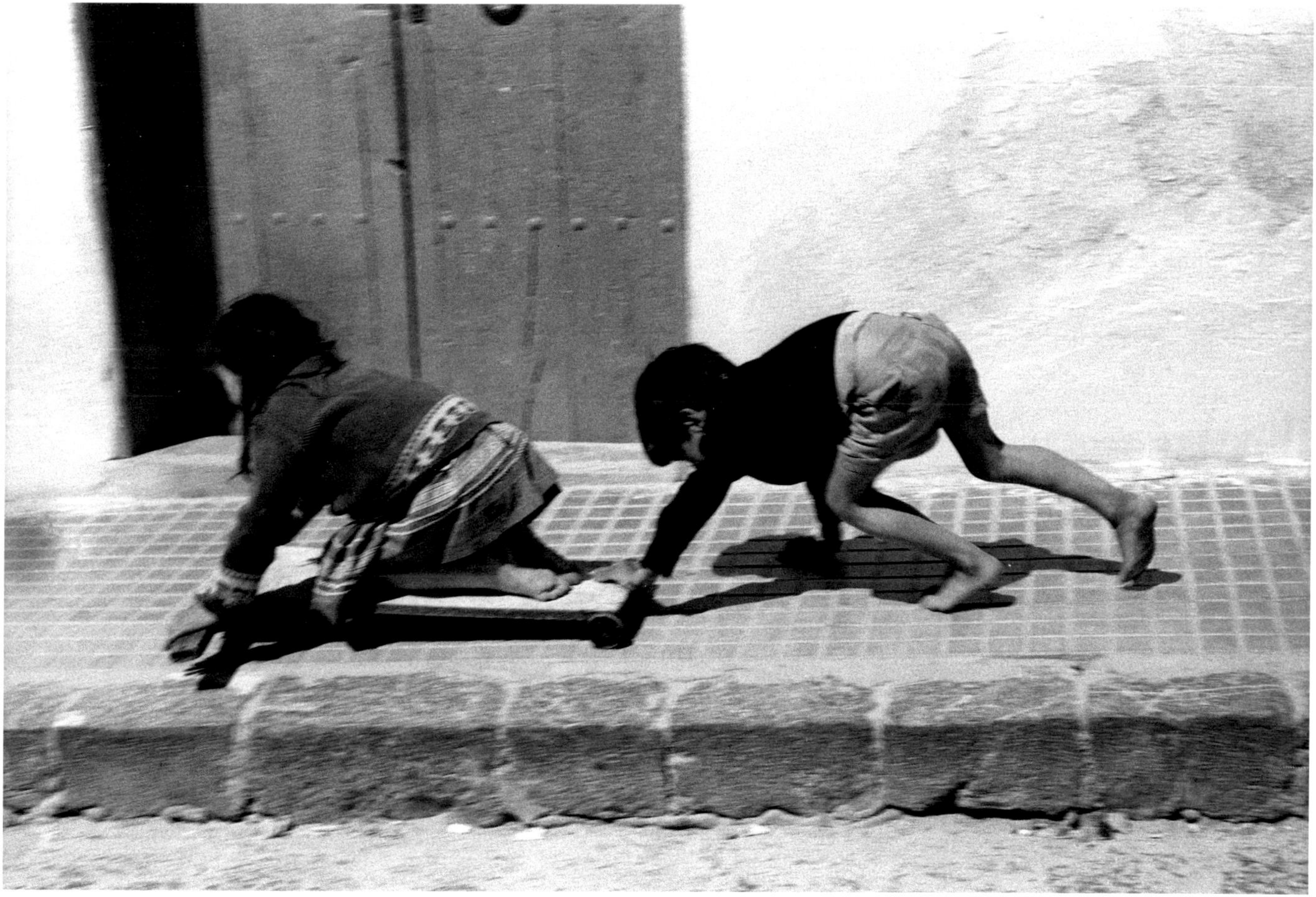

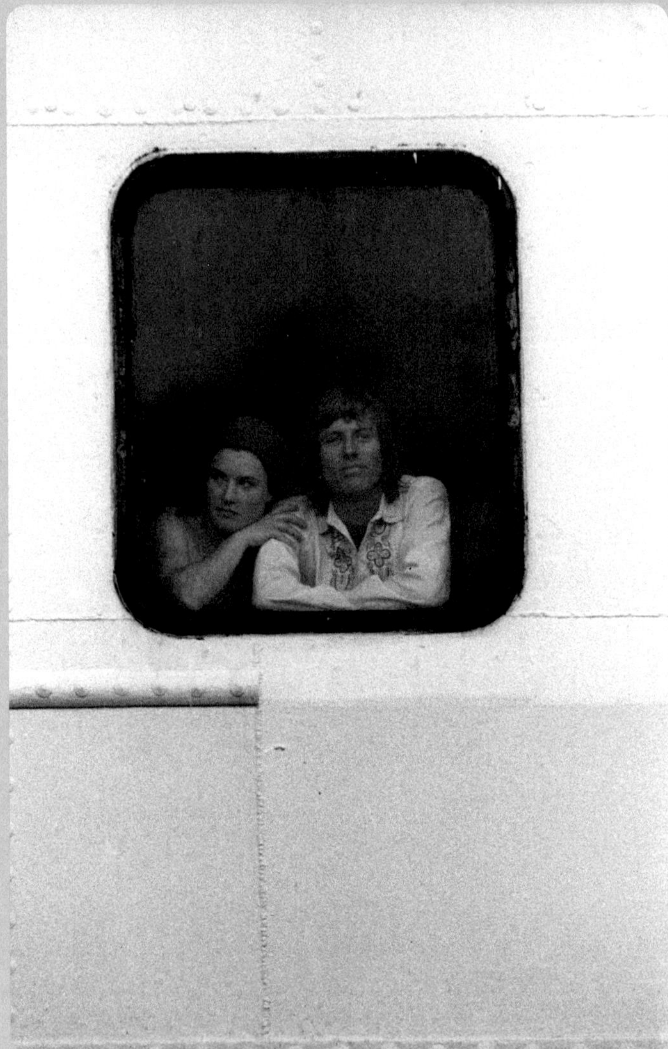

❋ Port d'Eivissa

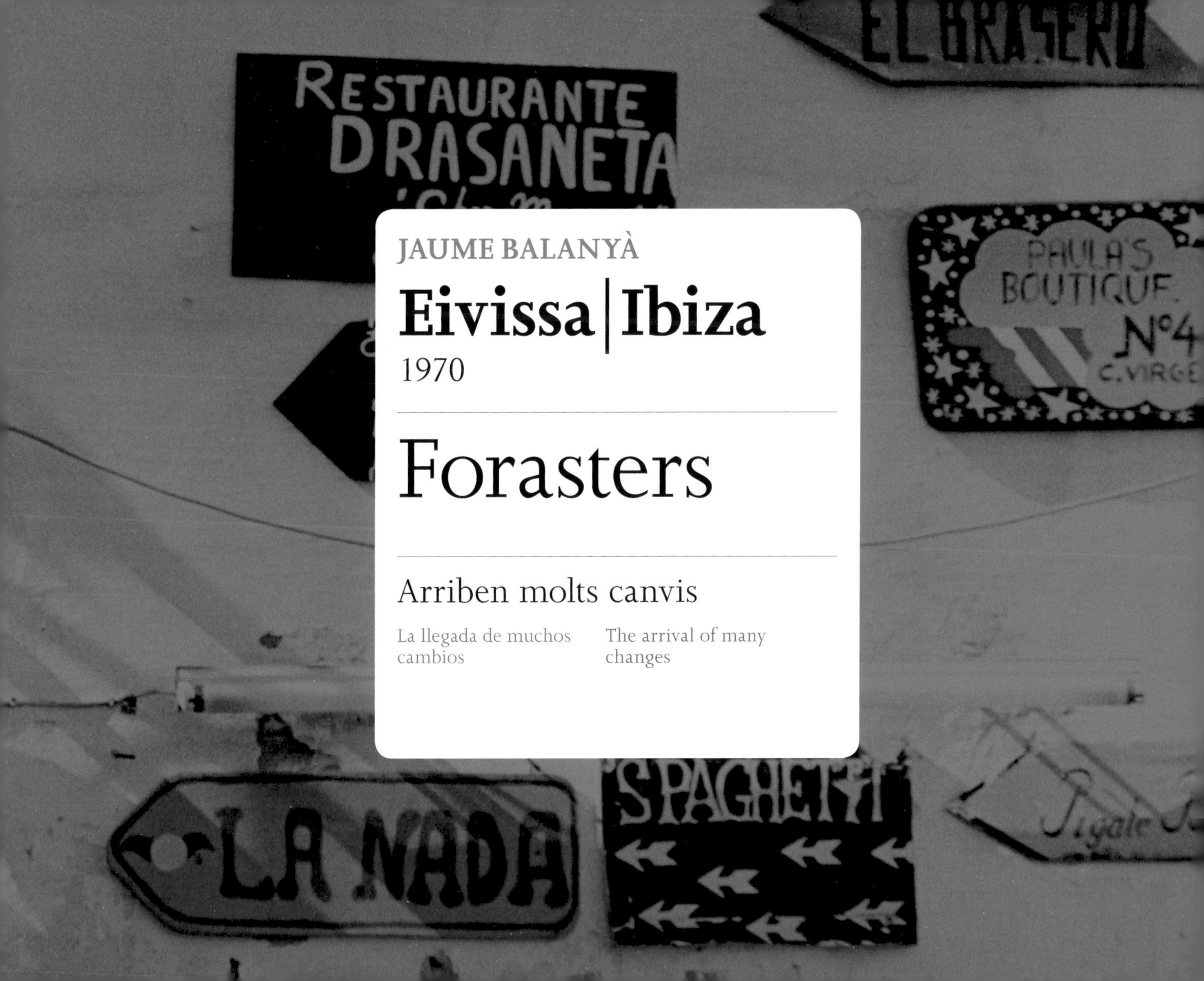

JAUME BALANYÀ

Eivissa | Ibiza

1970

Forasters

Arriben molts canvis

La llegada de muchos cambios

The arrival of many changes

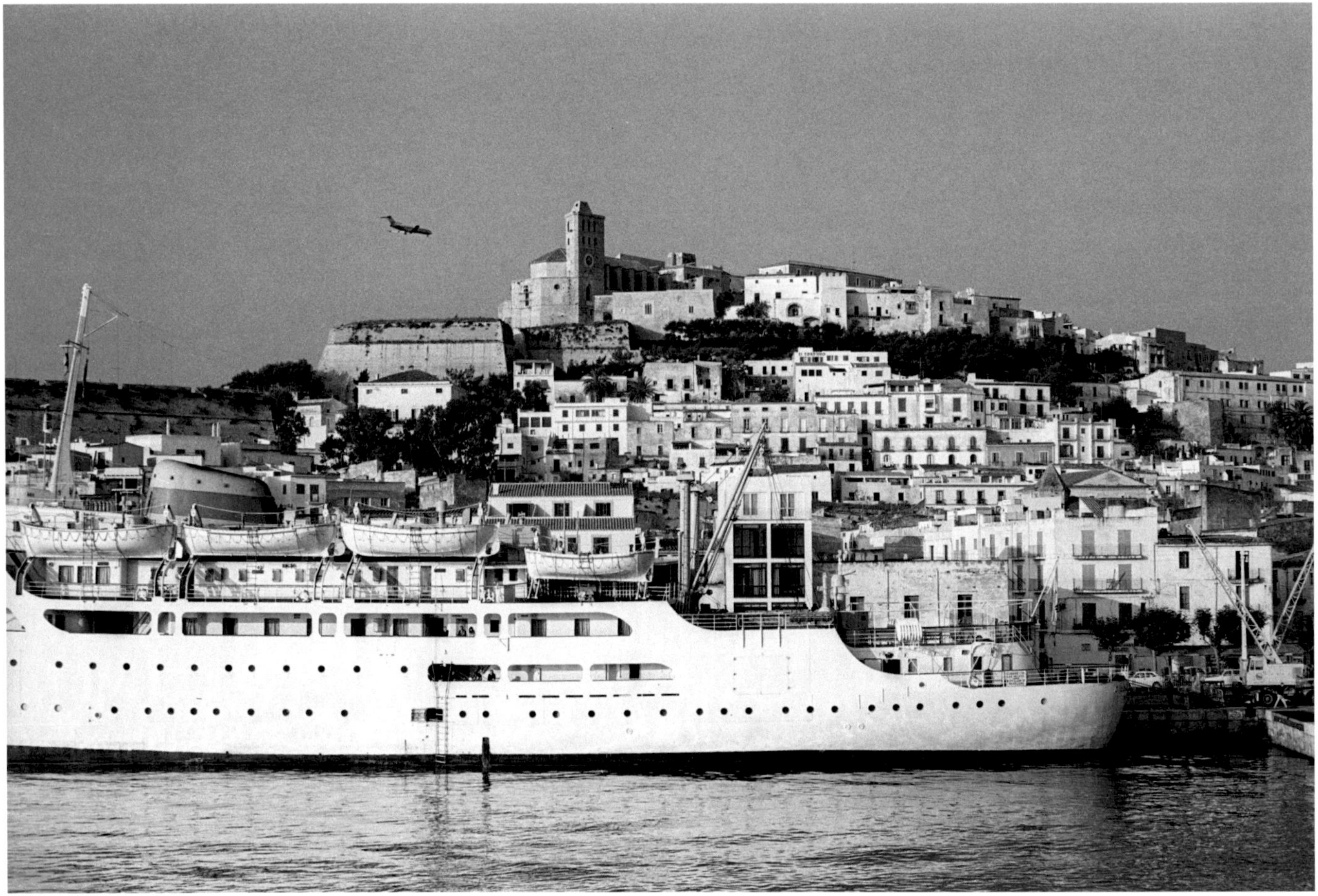

❋ Port d'Eivissa

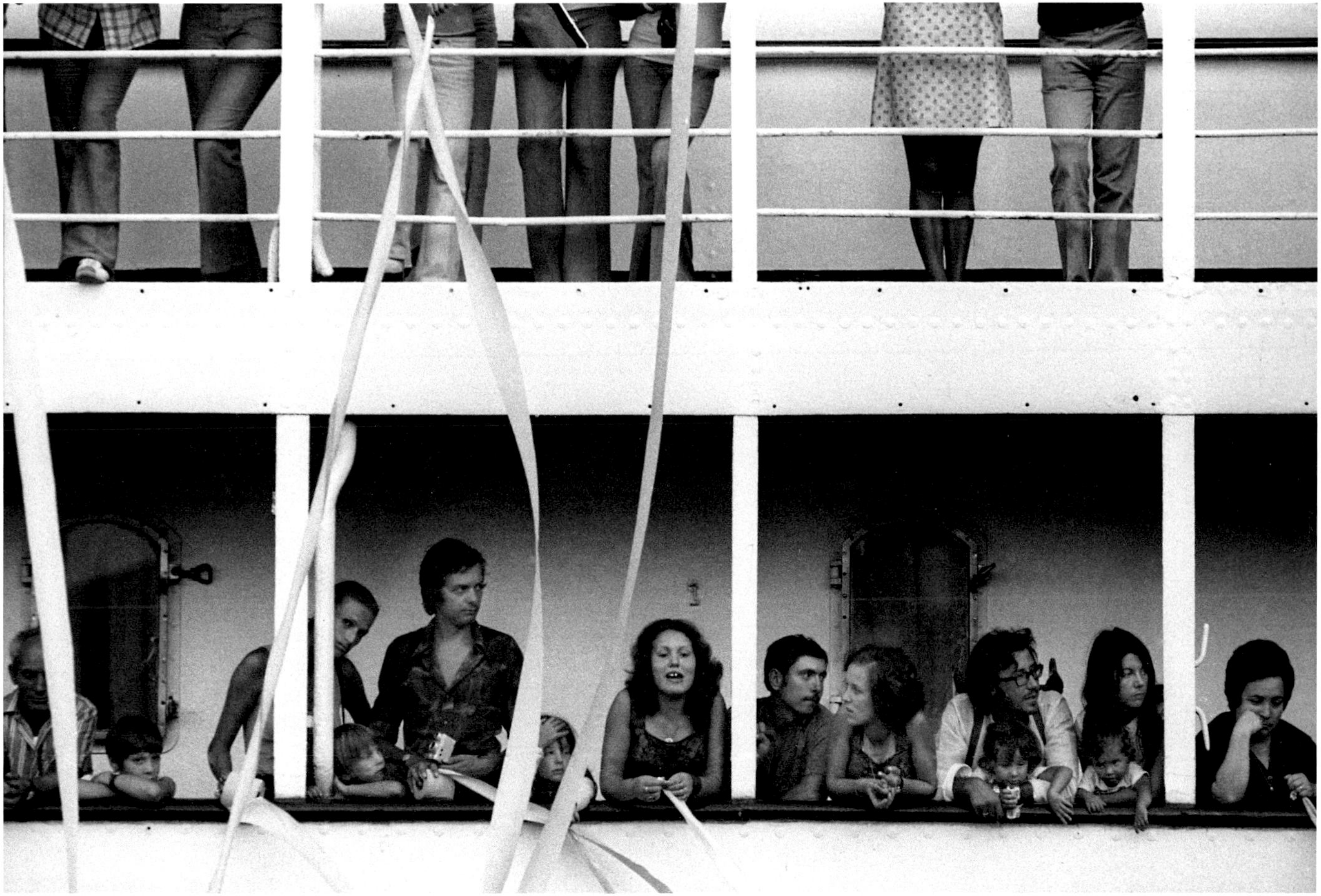

❋ Port d'Eivissa

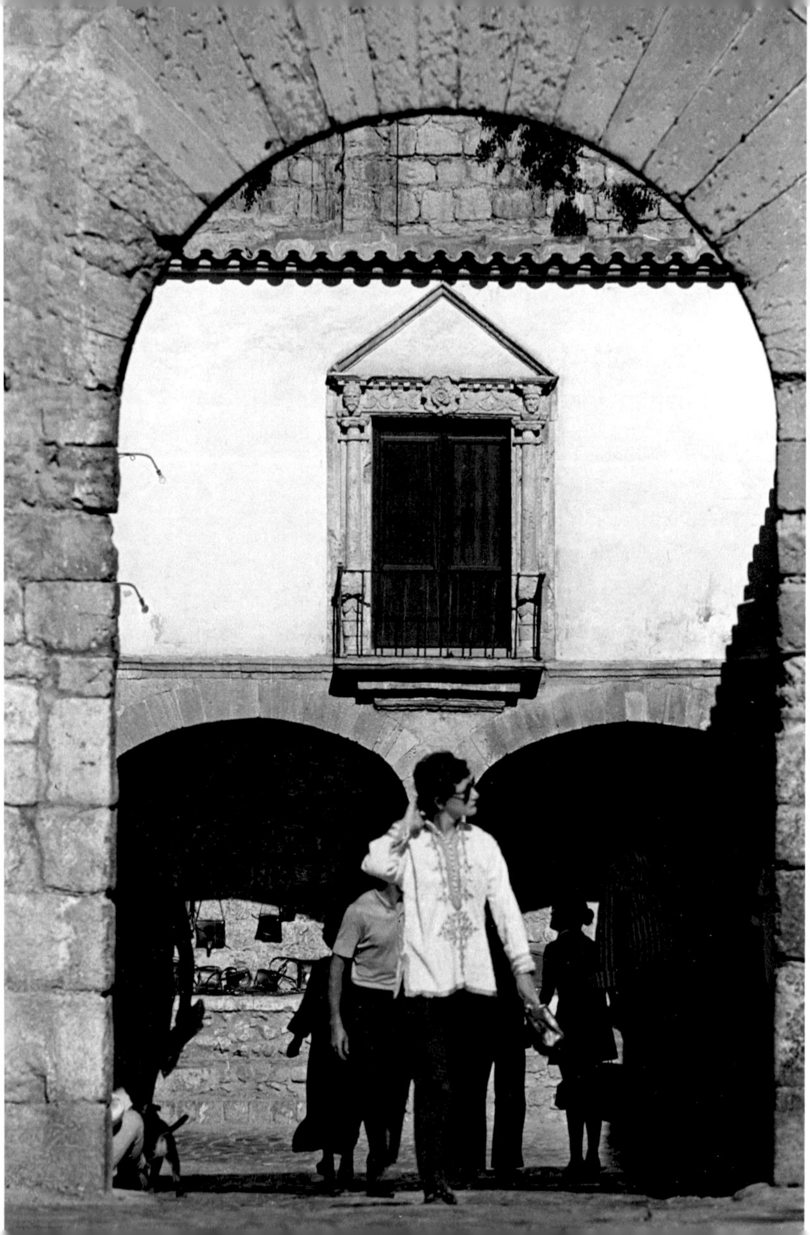

✻ Portal de ses Taules

* La Marina

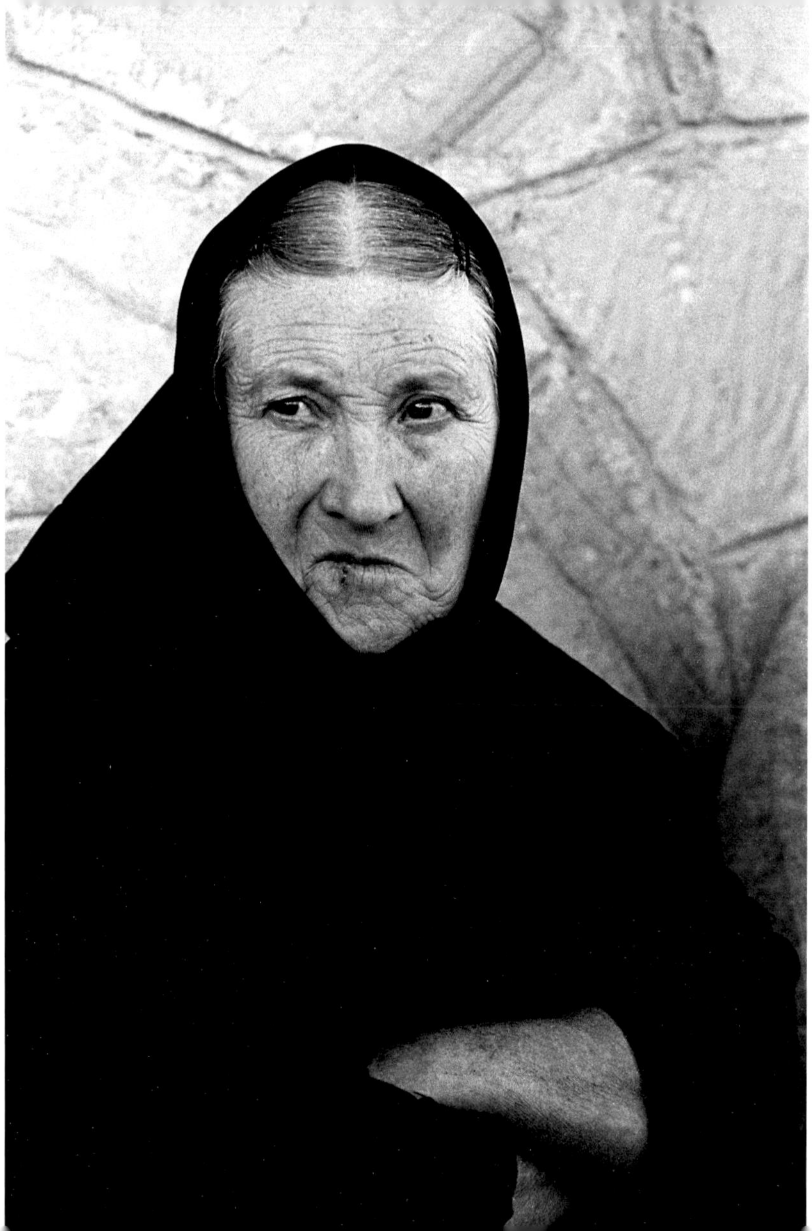

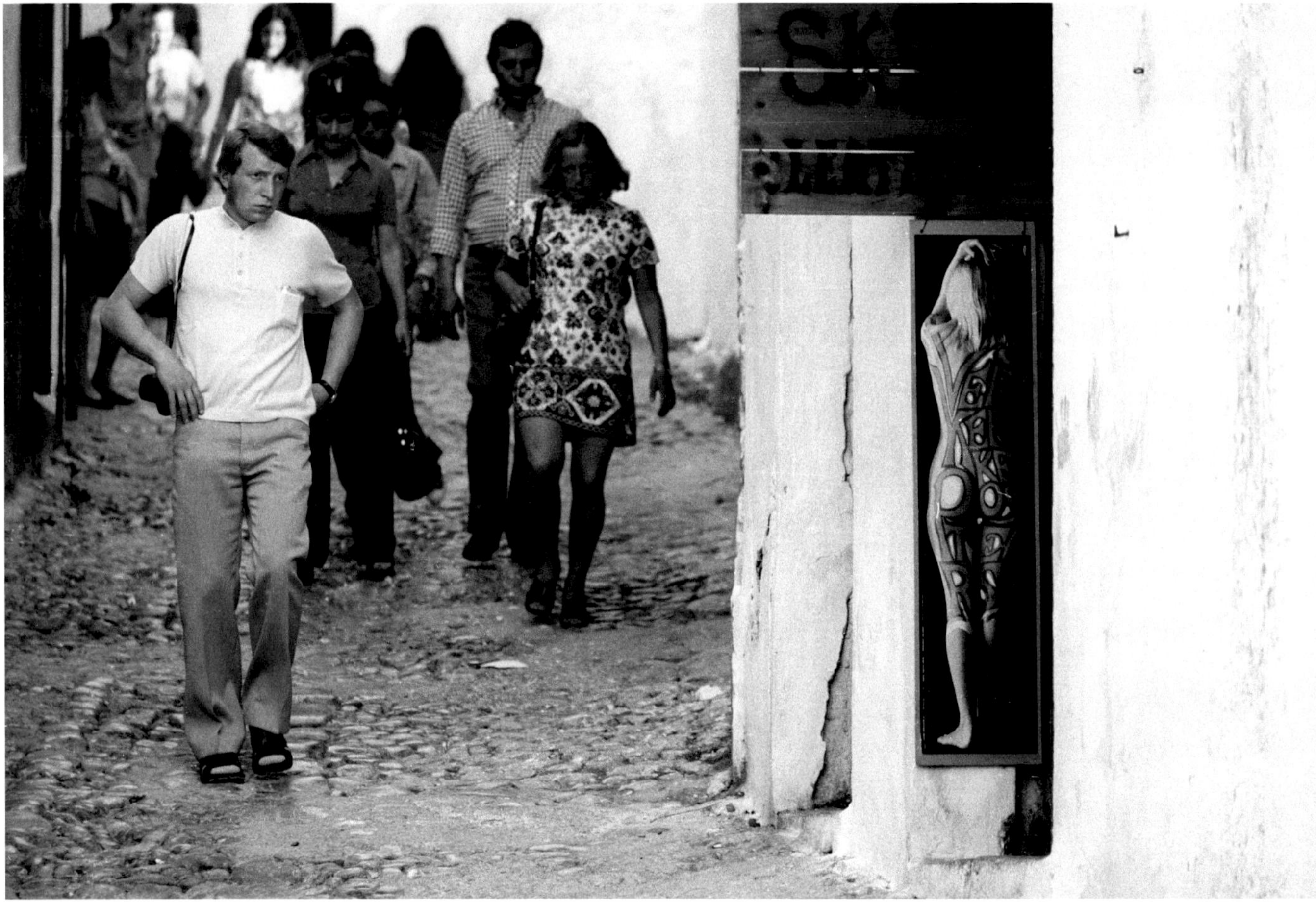

❋ Dalt Vila

* Portal de ses Taules

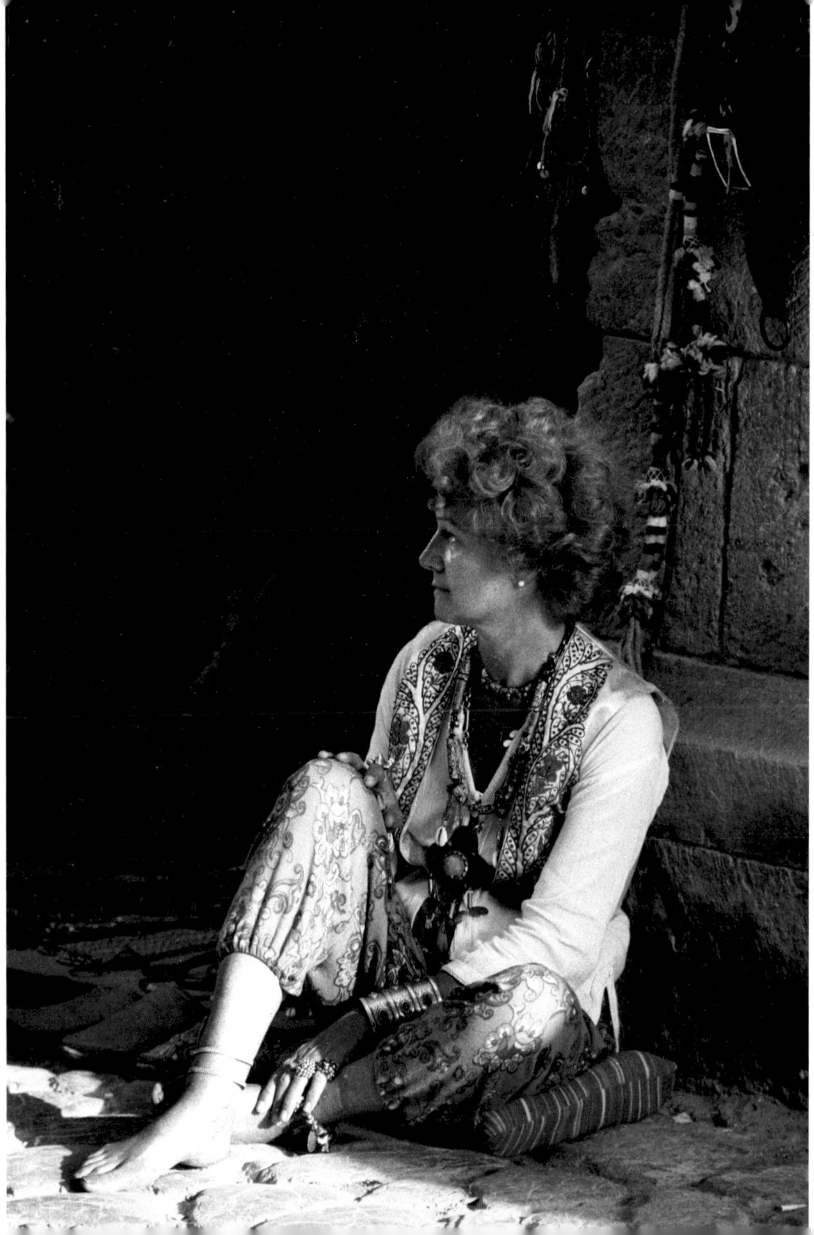

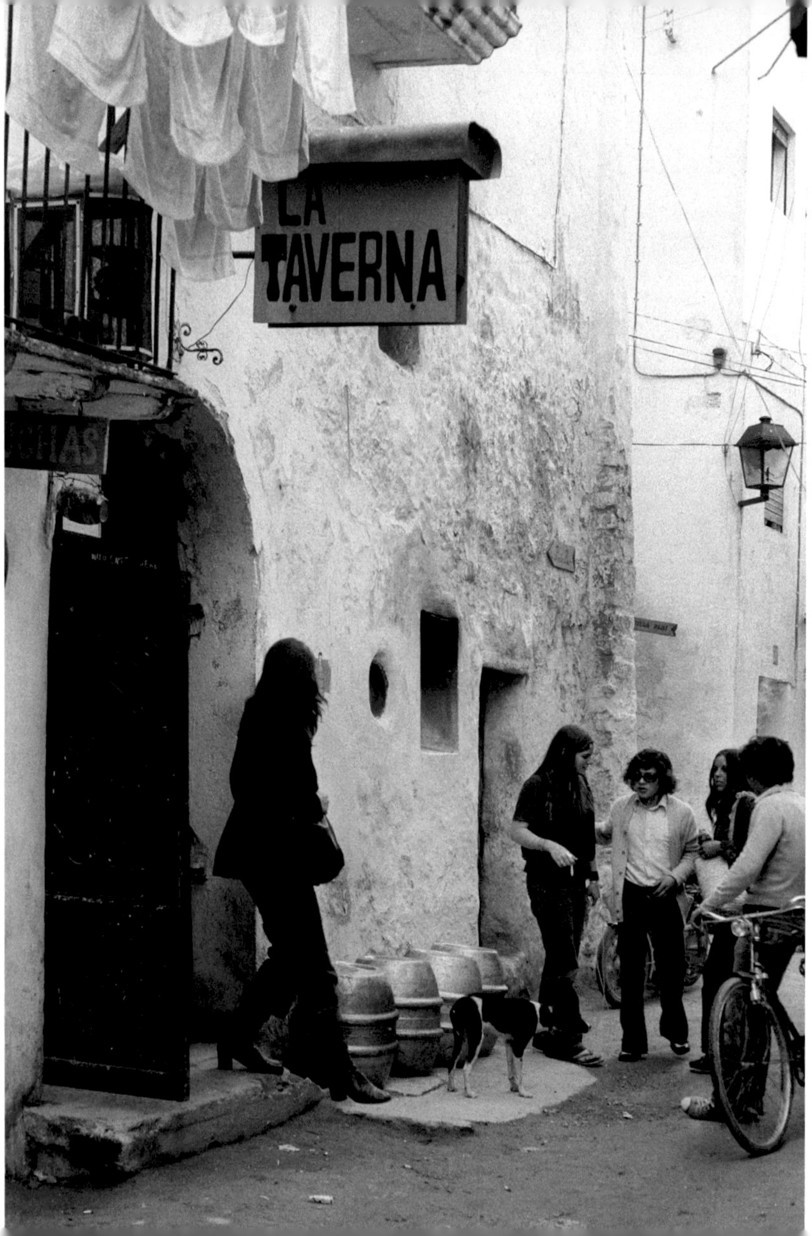

❋ Sa Penya

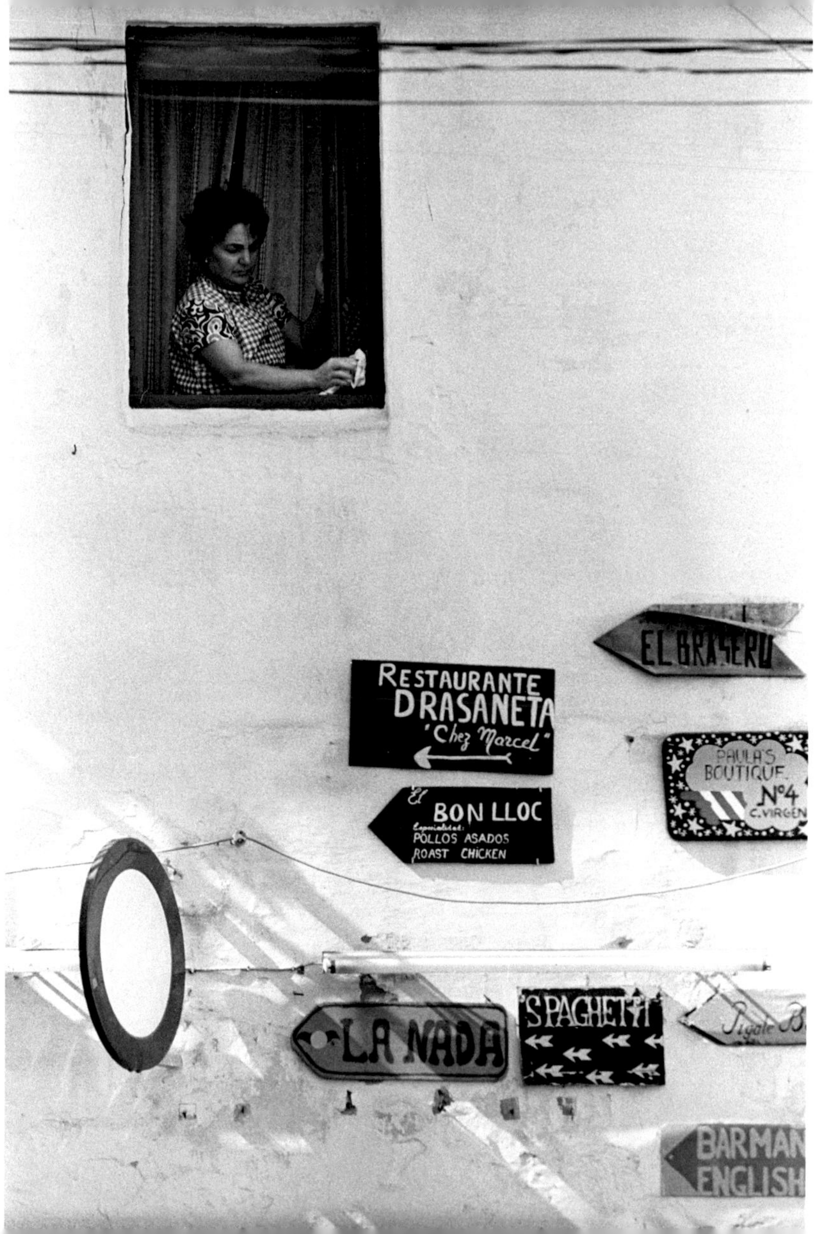
EL BRASERO
RESTAURANTE
DRASANETA
"Chez Marcel"
PAULA'S
BOUTIQUE
Nº4
C. VIRGEN
El
BON LLOC
POLLOS ASADOS
ROAST CHICKEN
LA NADA
SPAGHETTI
BARMAN
ENGLISH

✻ La Marina

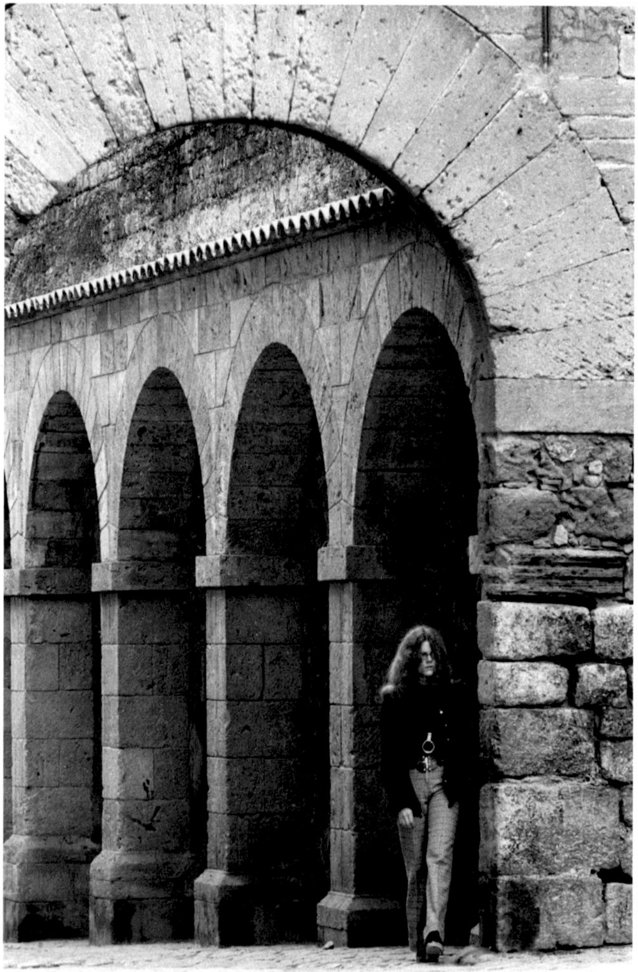

❋ Portal de ses Taules

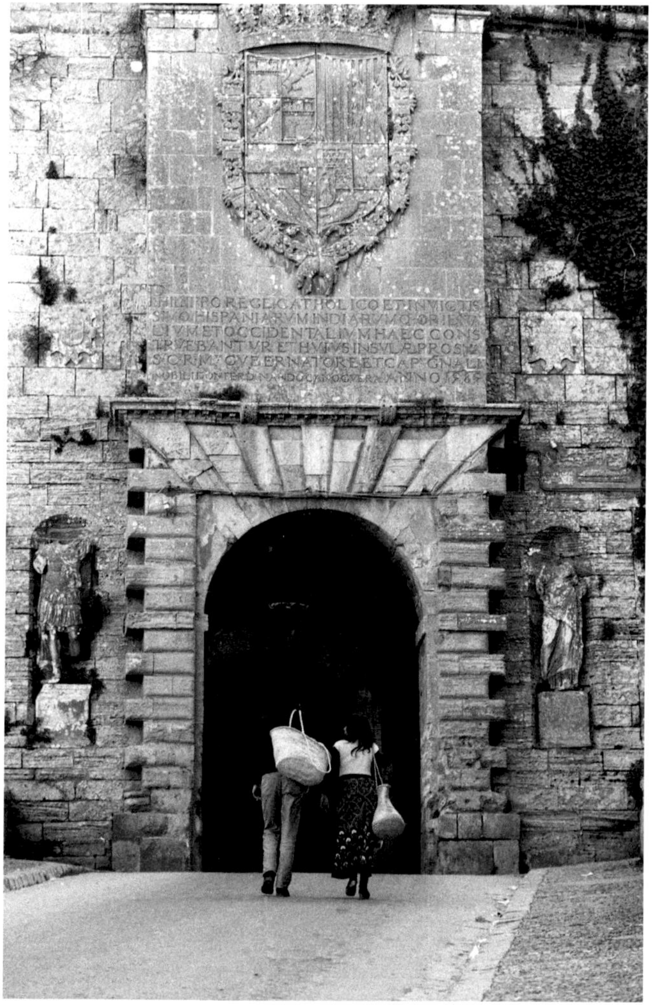

✻ Portal de ses Taules

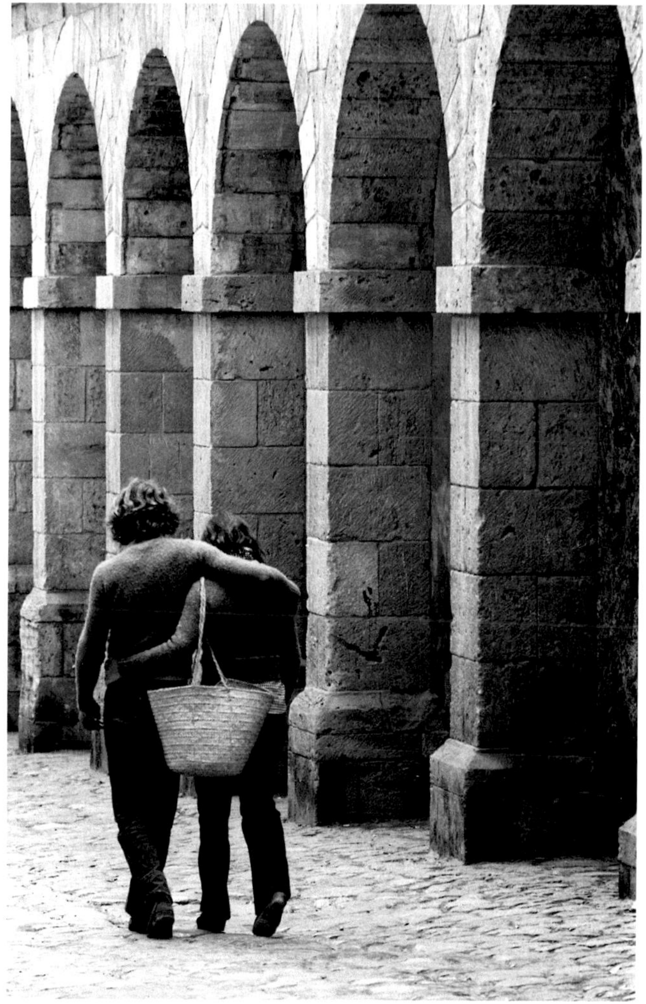

✻ Pati d'Armes

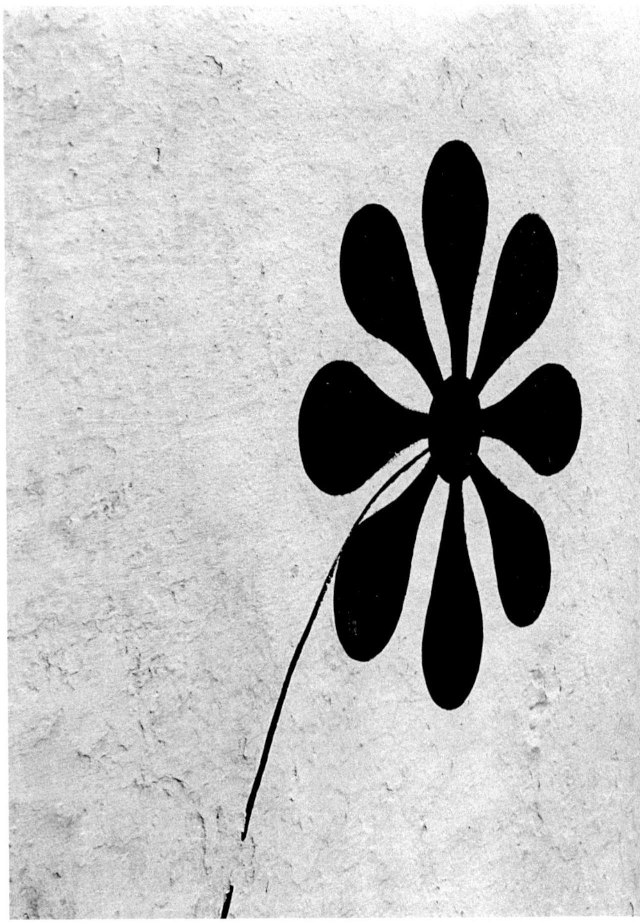

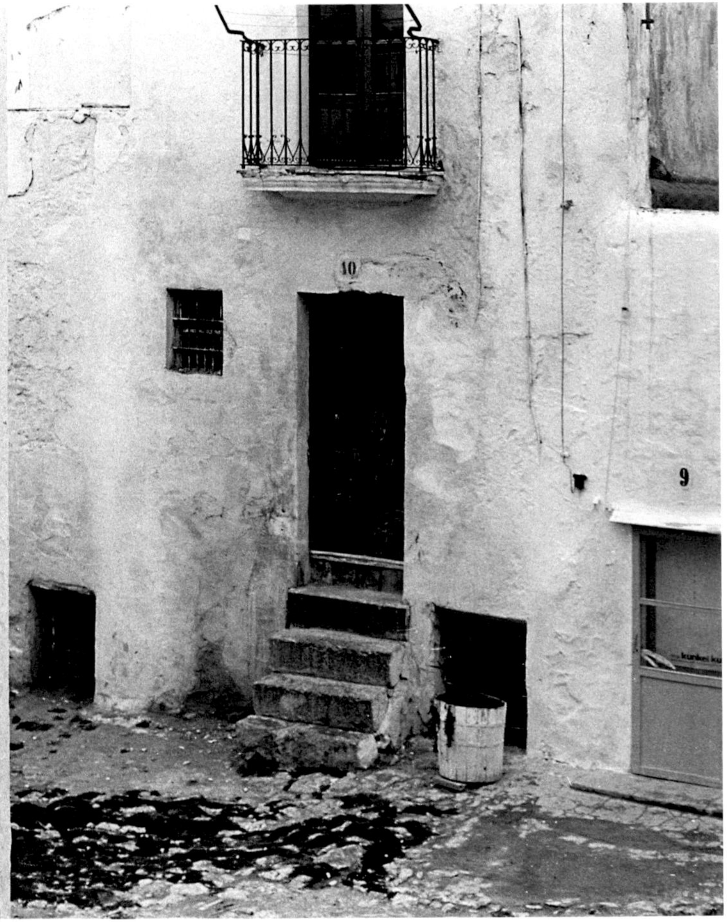

⁂ Dalt Vila

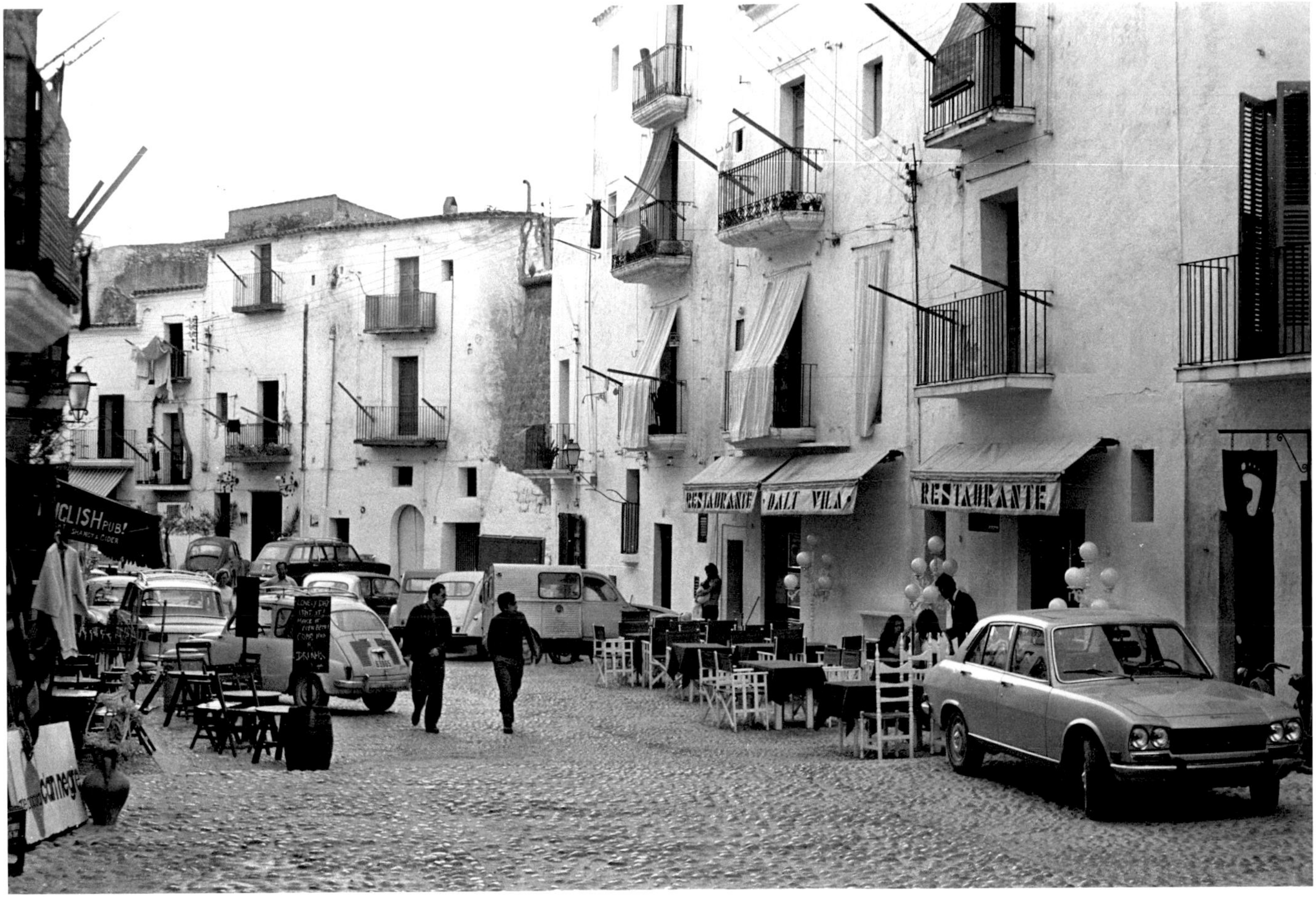

⁂ Dalt Vila

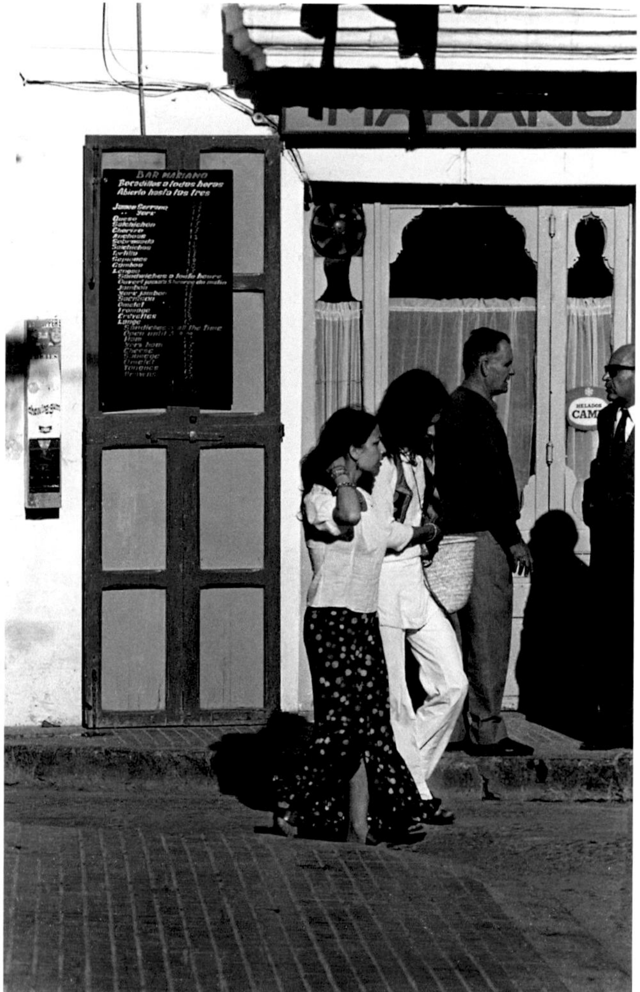

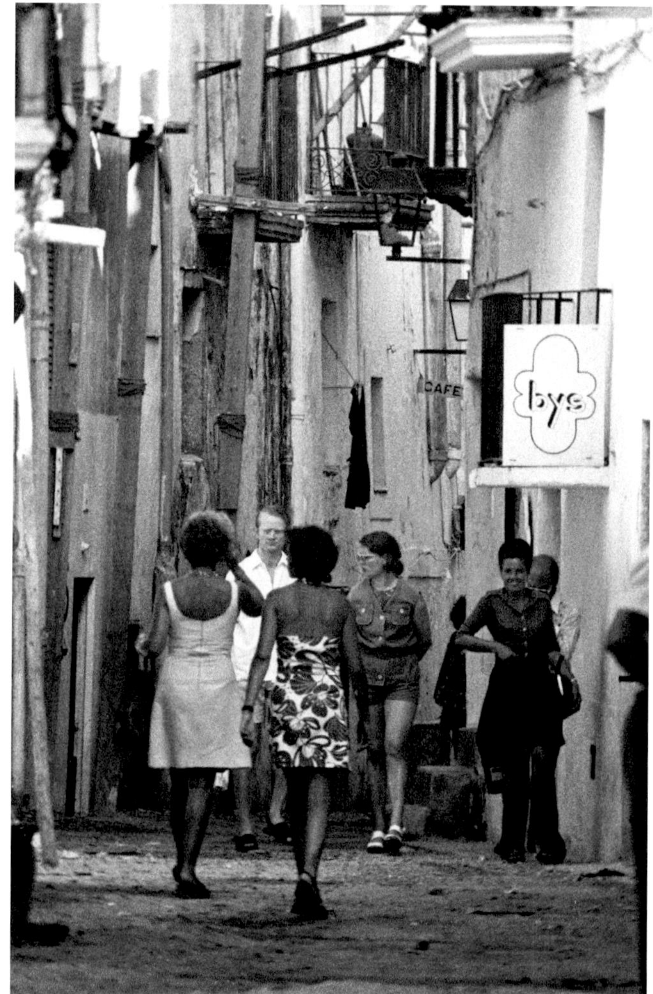

❋ La Marina

❋ Sa Penya

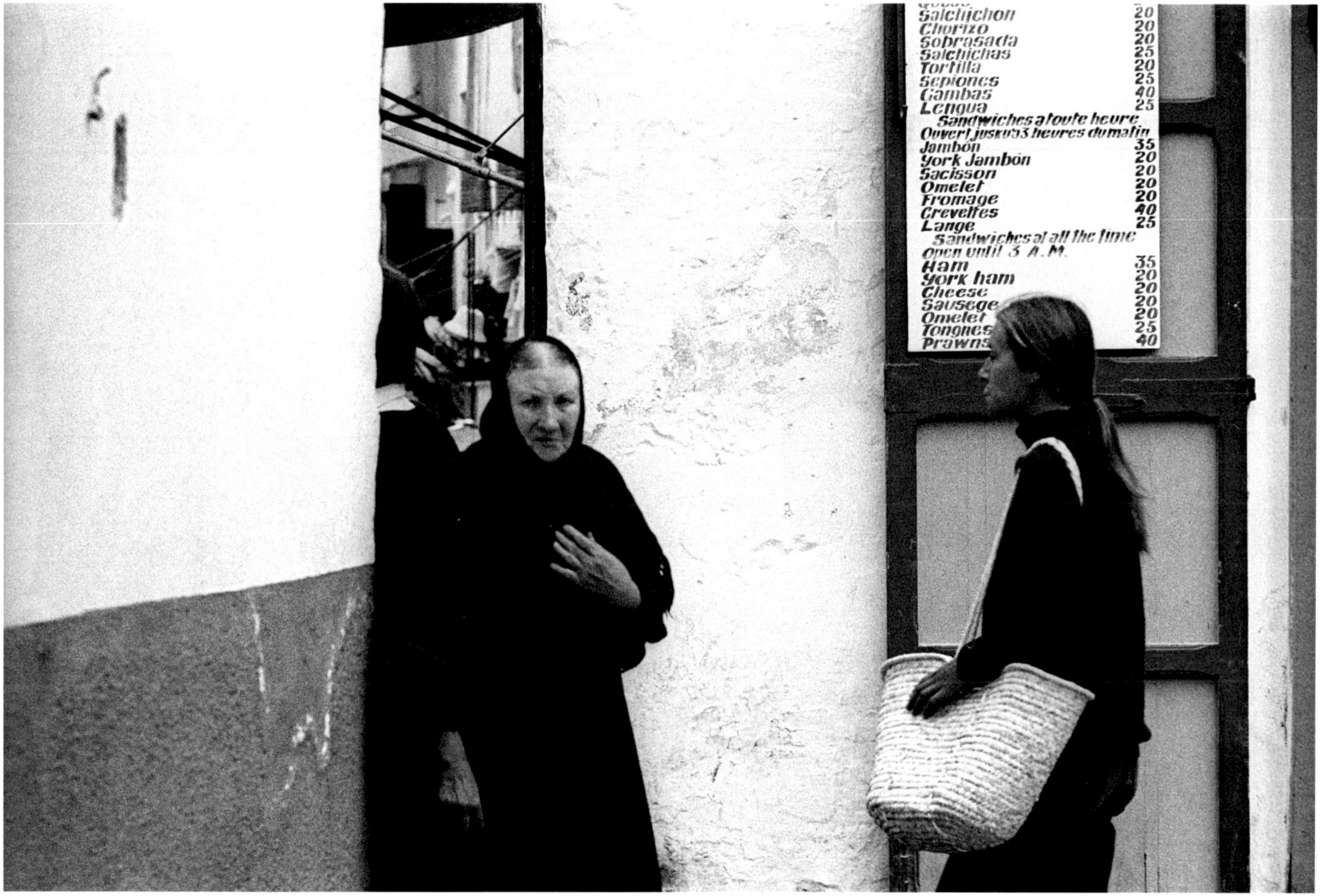

Salchichon 20
Chorizo 20
Sobrasada 20
Salchichas 25
Tortilla 20
Sepiones 25
Gambas 40
Lengua 25
Sandwiches a toute heure
Ouvert jusku'a 3 heures du matin
Jambón 35
York Jambón 20
Sacisson 20
Omelet 20
Fromage 20
Crevettes 40
Lange 25
Sandwiches at all the time
Open until 3 A.M.
Ham 35
York ham 20
Cheese 20
Sausege 20
Omelet 20
Tongnes 25
Prawns 40

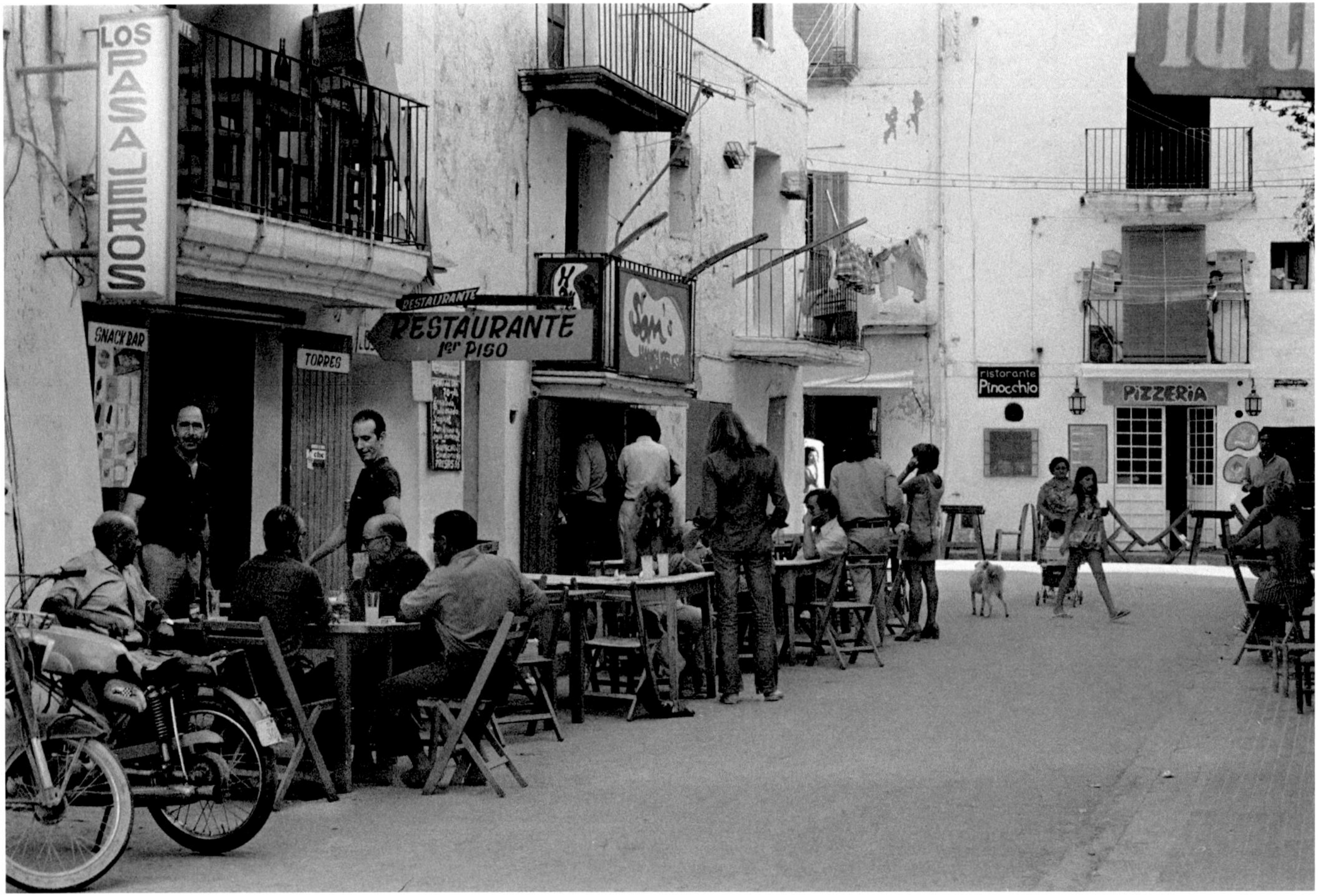
LOS PASAJEROS
SNACK BAR
TORRES
RESTAURANTE
RESTAURANTE
1er PISO
ristorante
Pinocchio
PIZZERIA

✻ La Marina

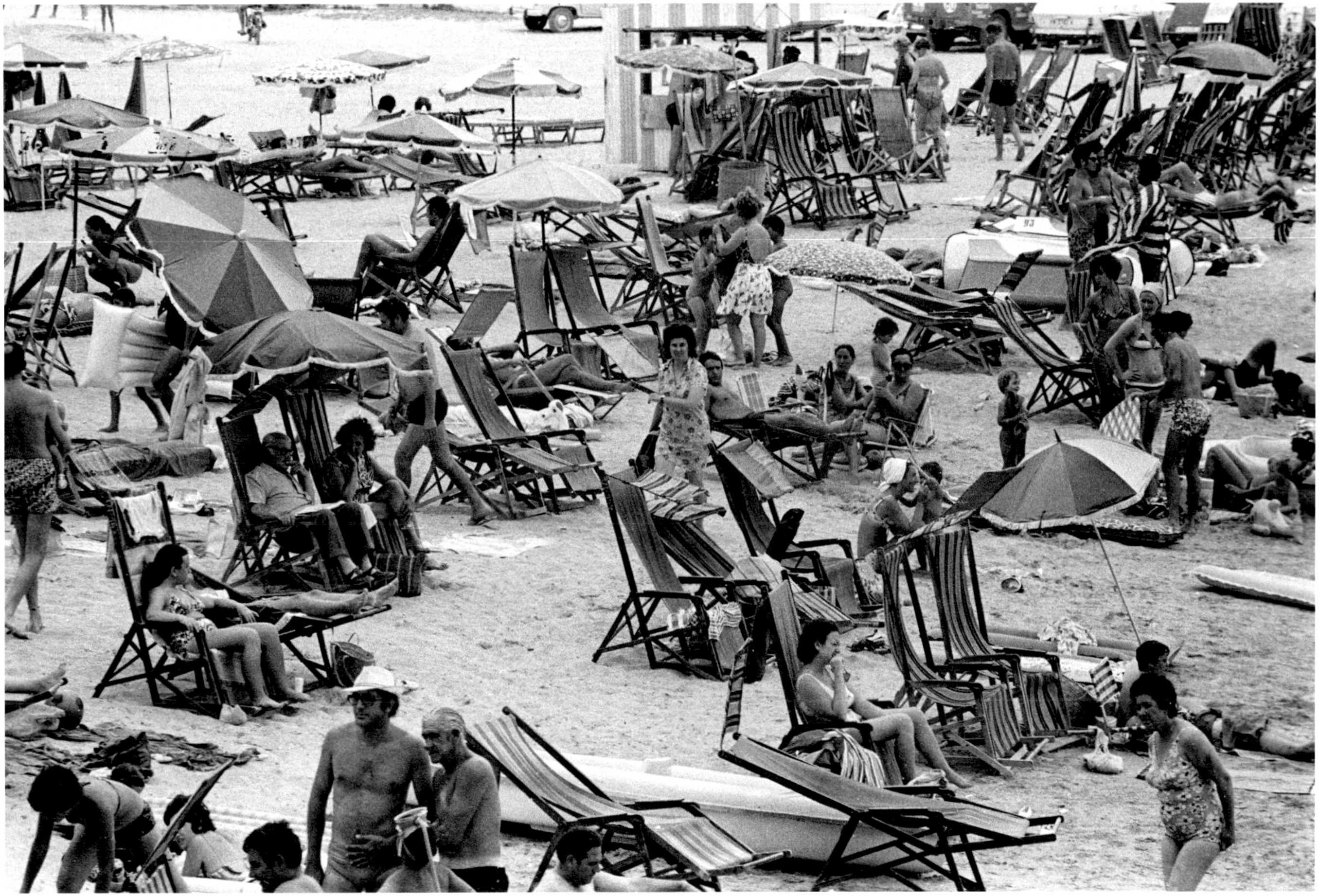

✻ Ses Figueretes

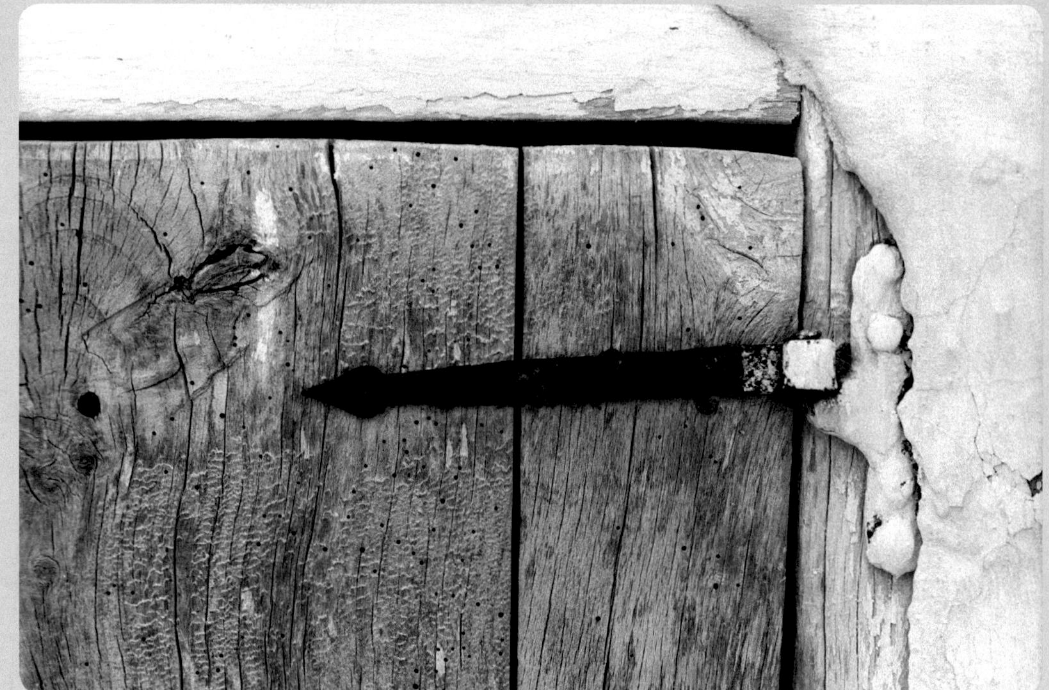

❋ Balàfia

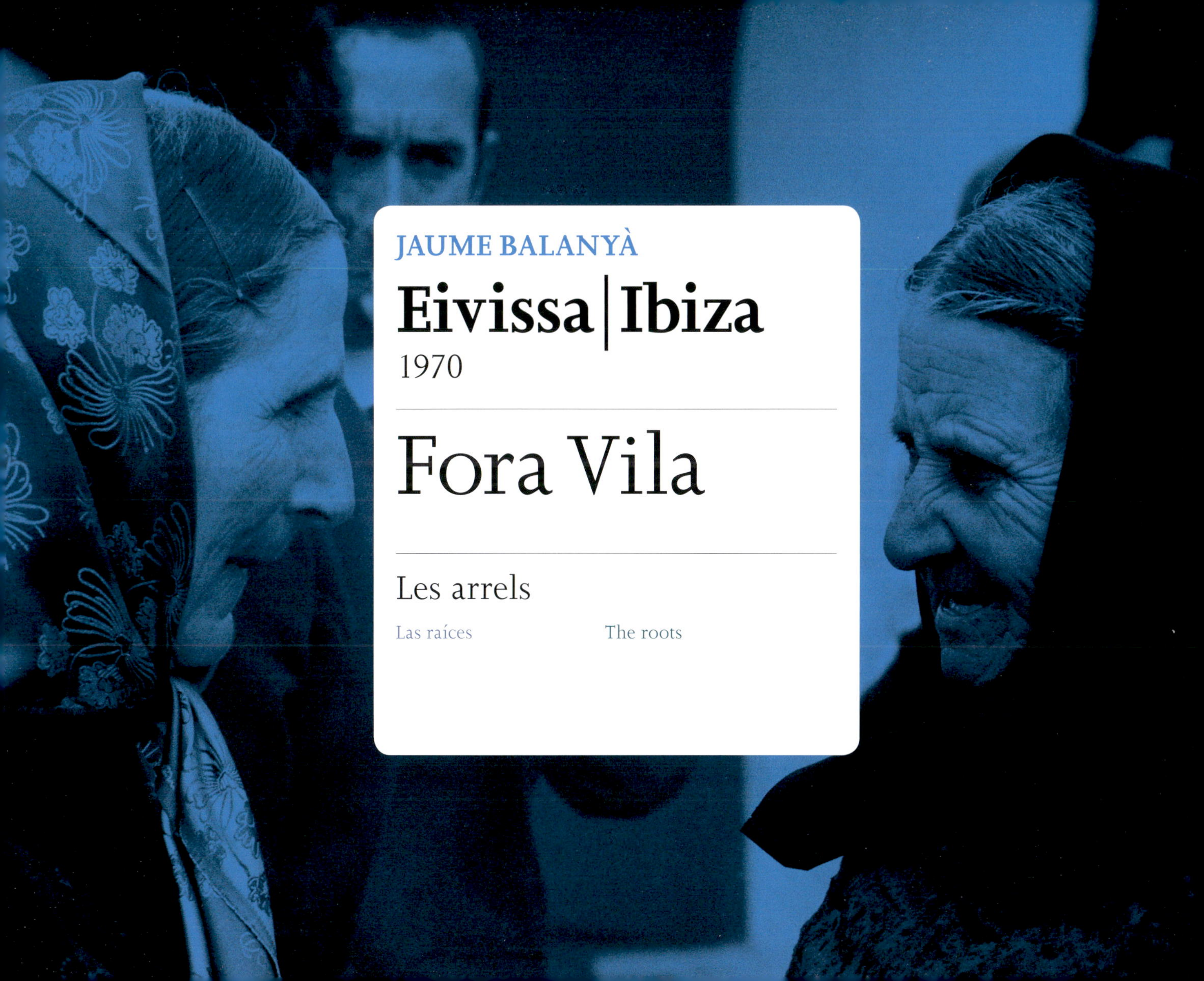

JAUME BALANYÀ

Eivissa | Ibiza

1970

Fora Vila

Les arrels

Las raíces

The roots

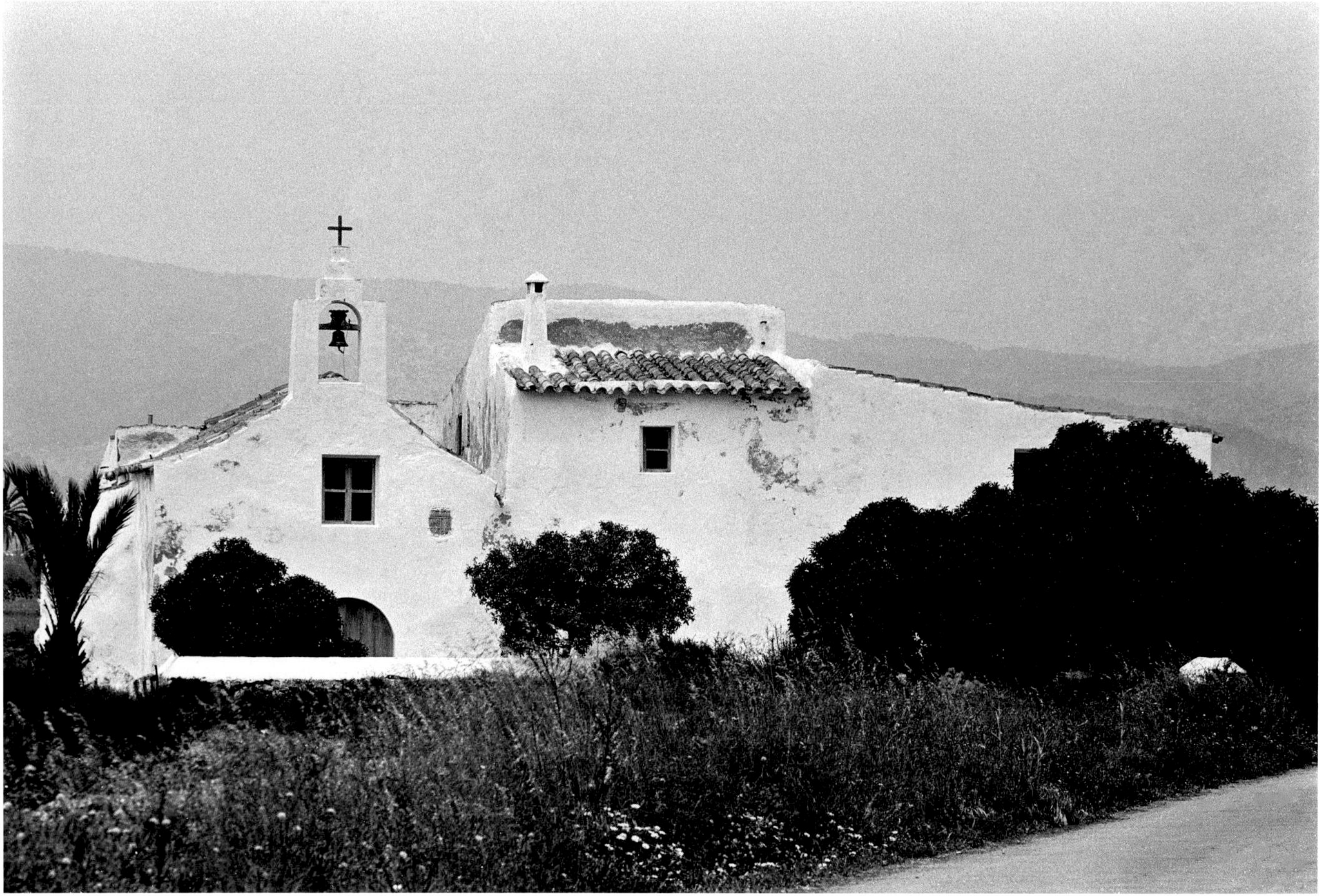

❋ Sant Francesc de s'Estany

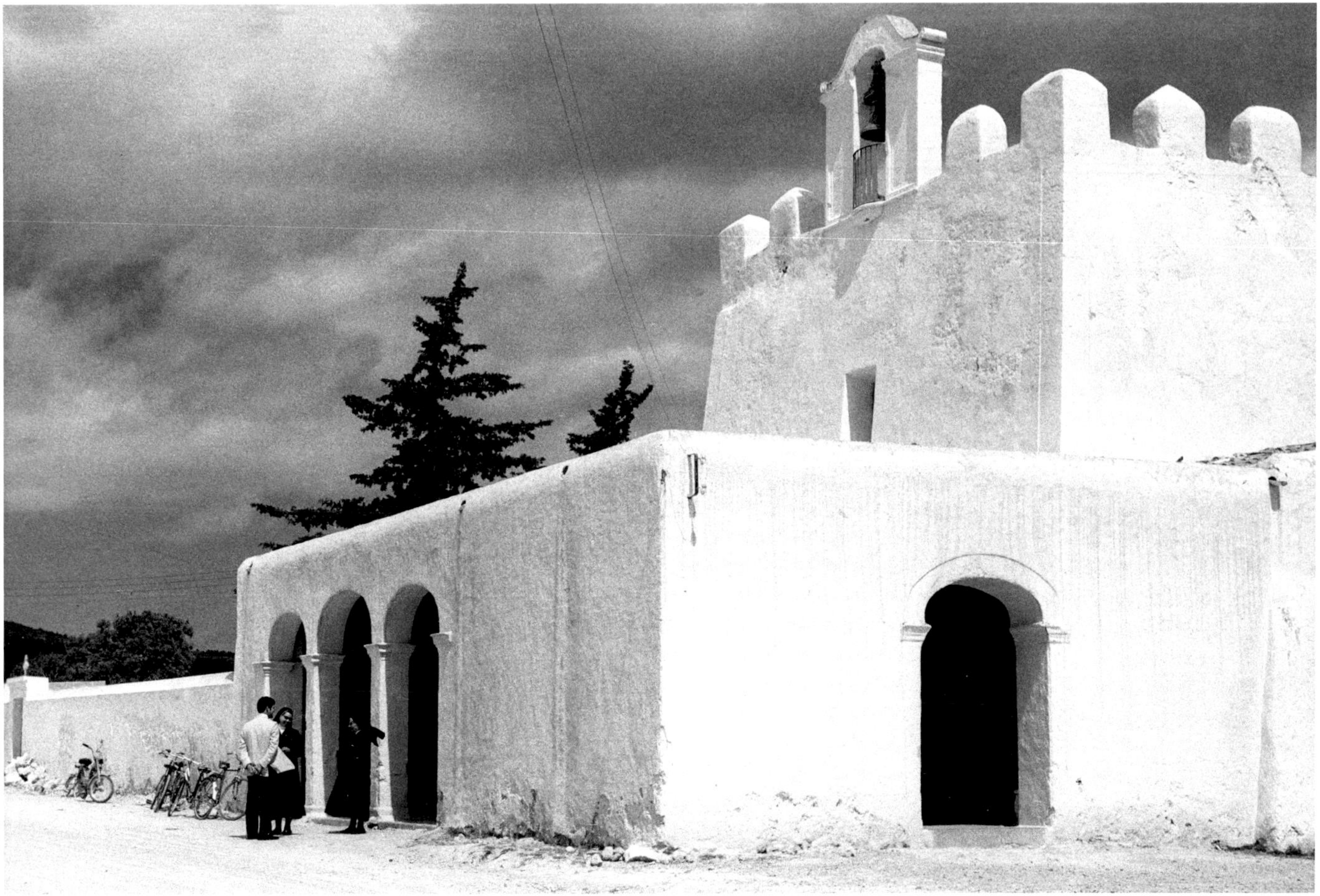

✻ Sant Jordi de ses Salines

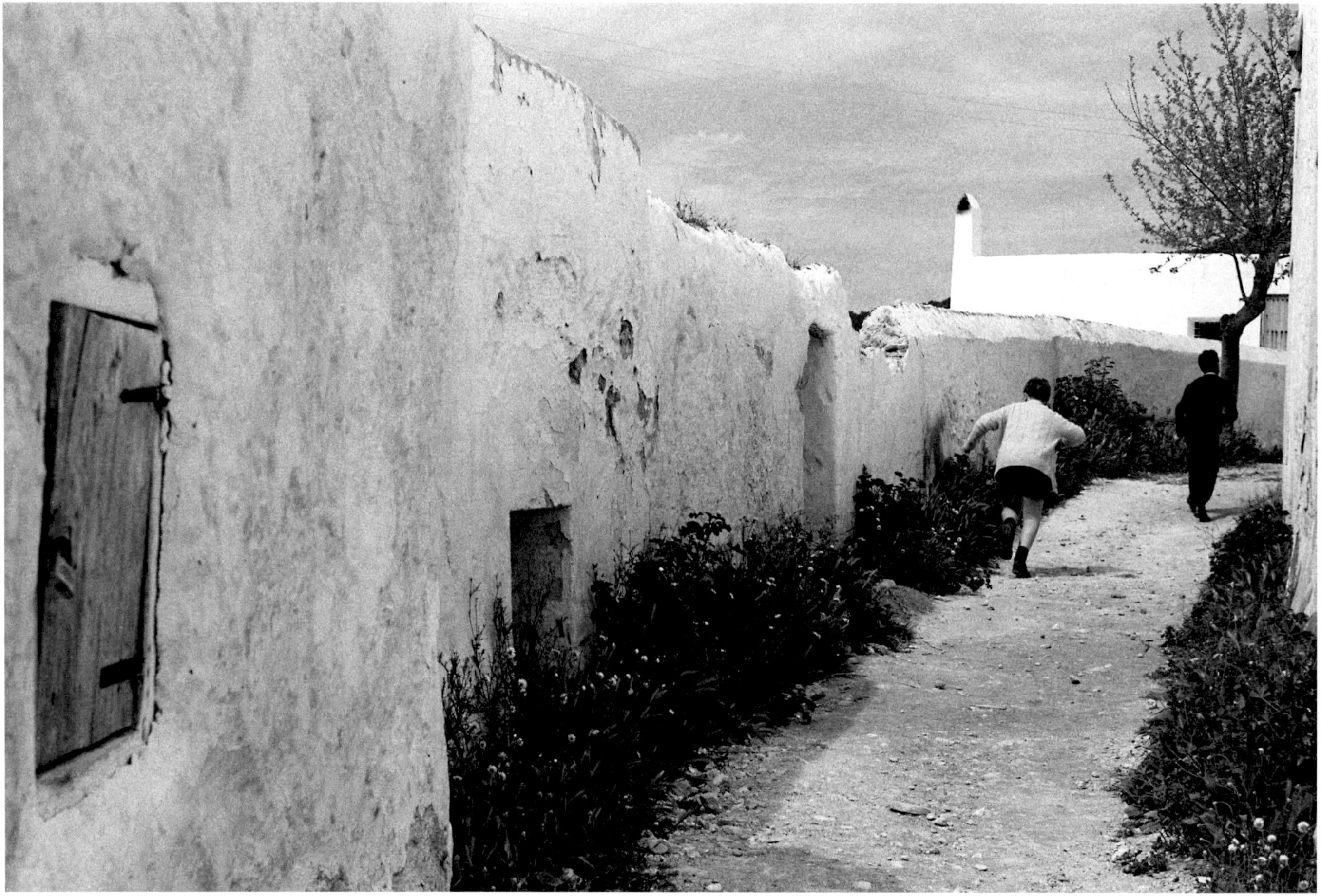

* Santa Eulària des Riu. Puig de Missa

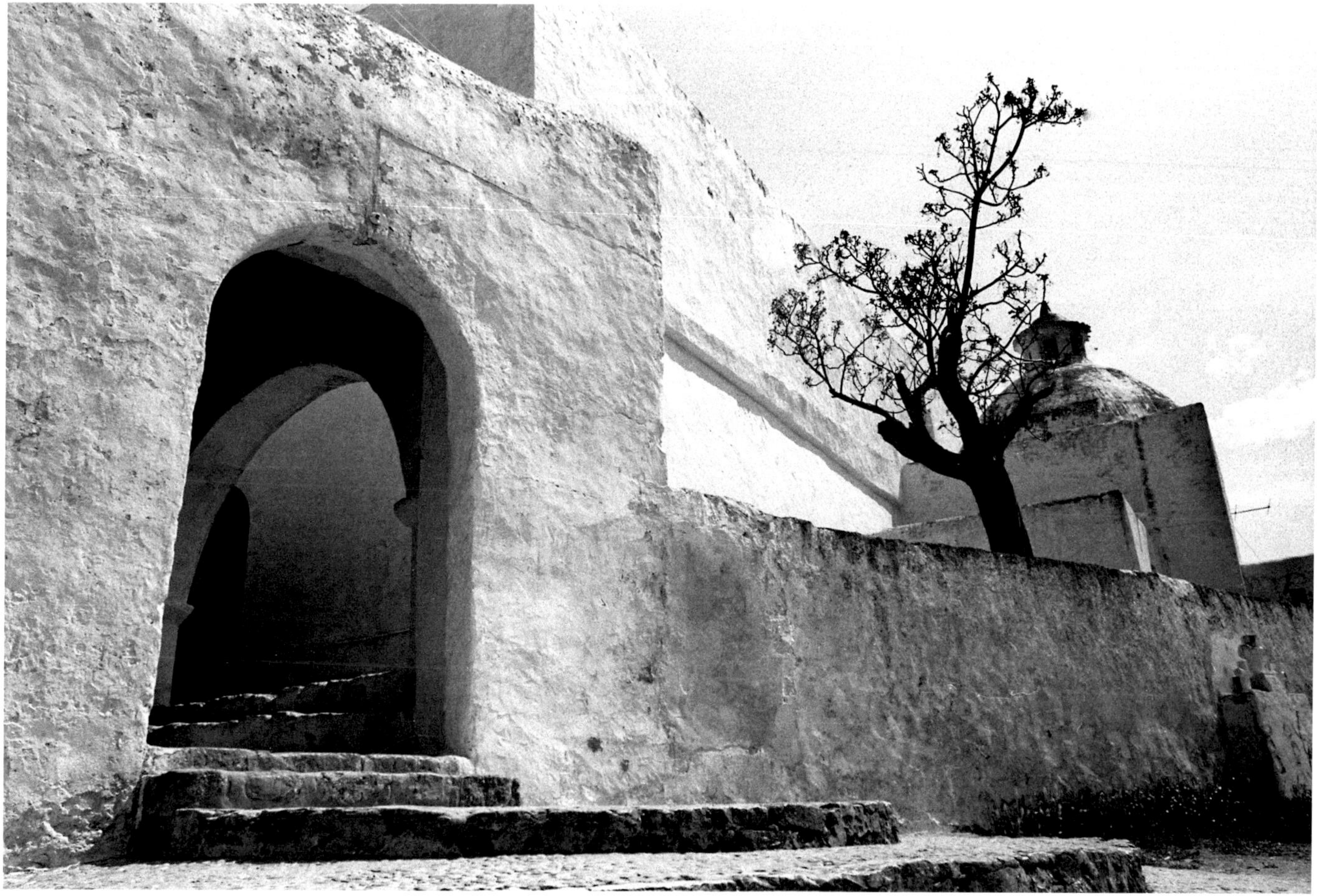

* Santa Eulària des Riu. Puig de Missa

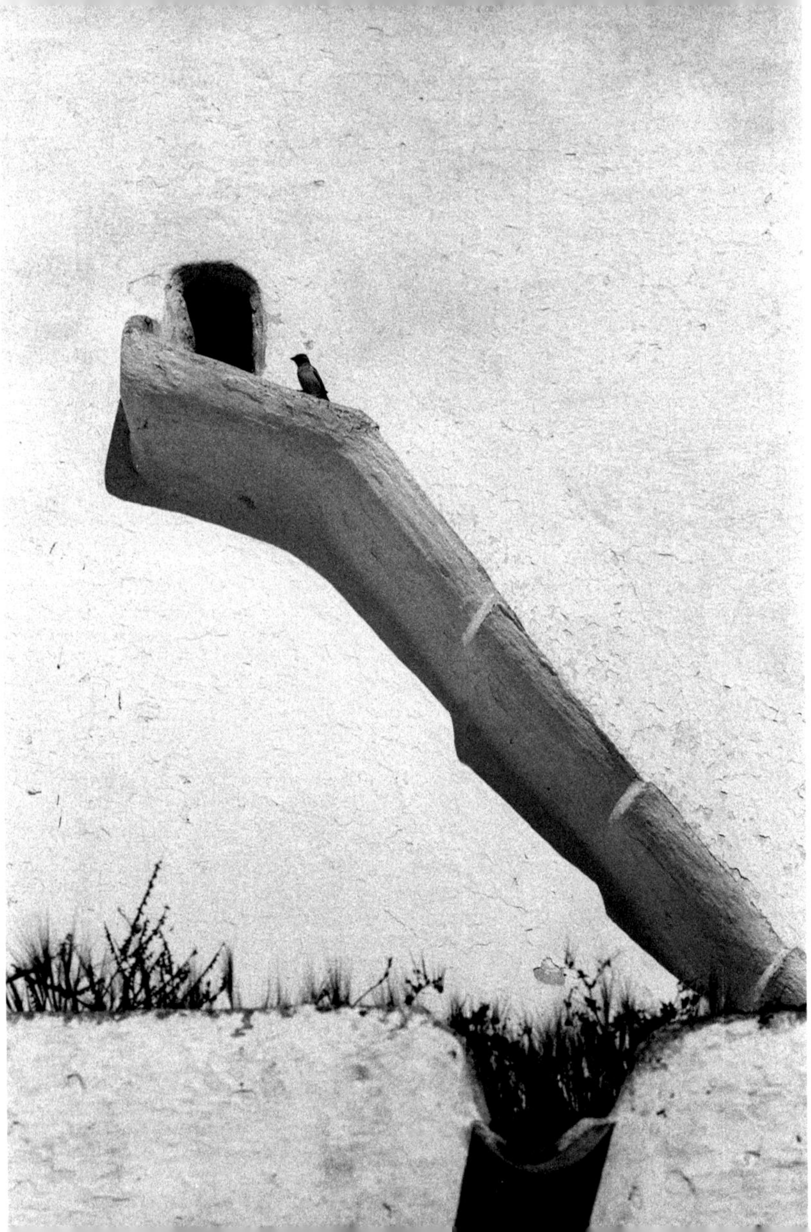

❋ Fora Vila

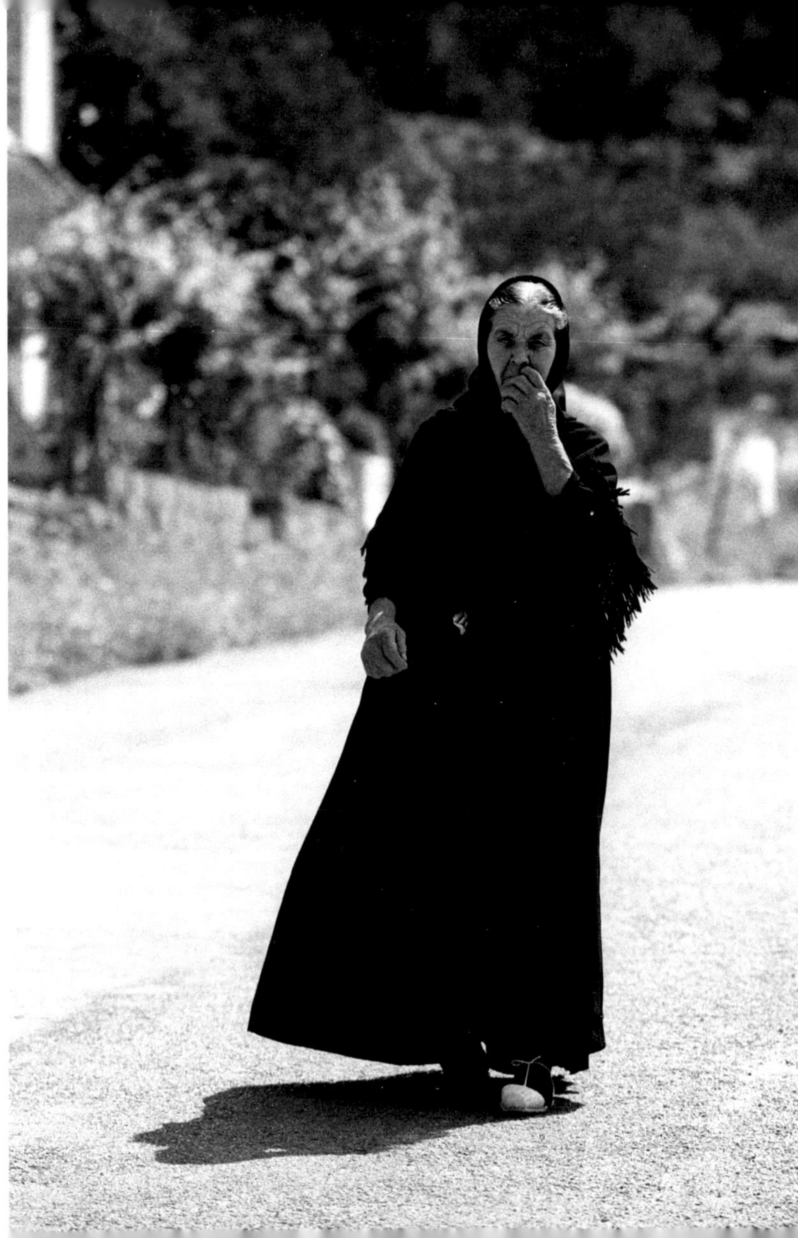

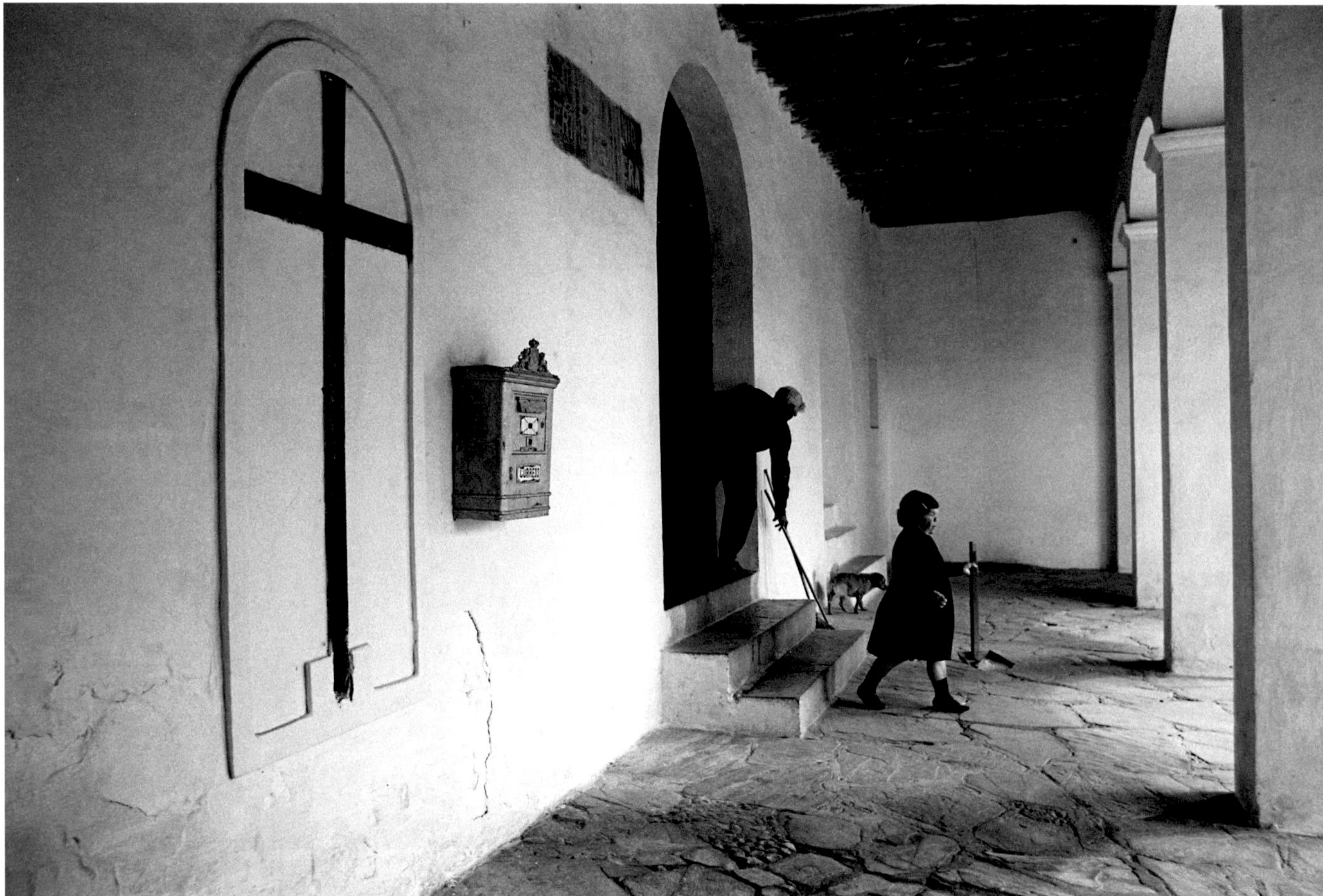

❋ Sant Mateu d'Albarca

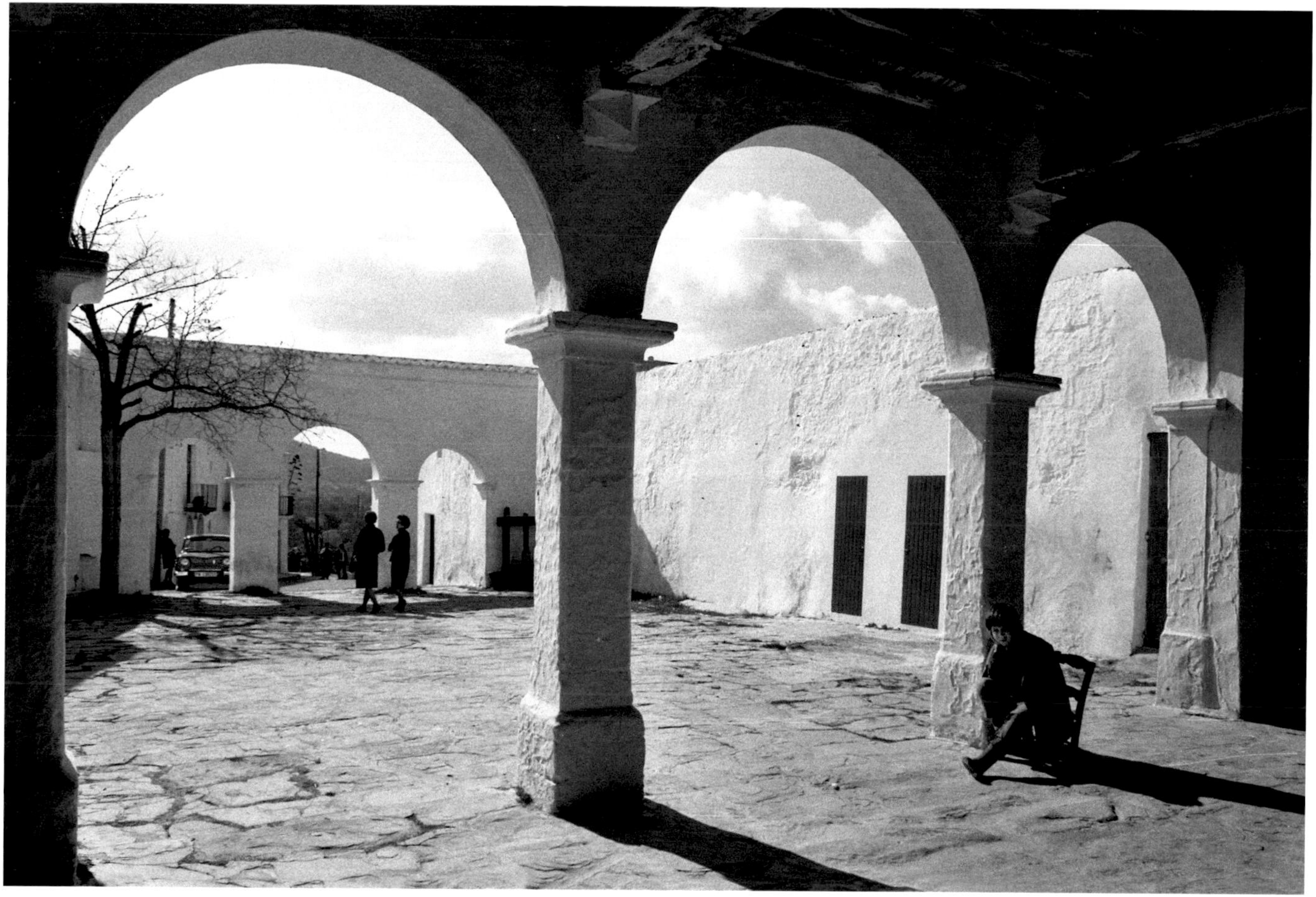

* Sant Miquel de Balansat

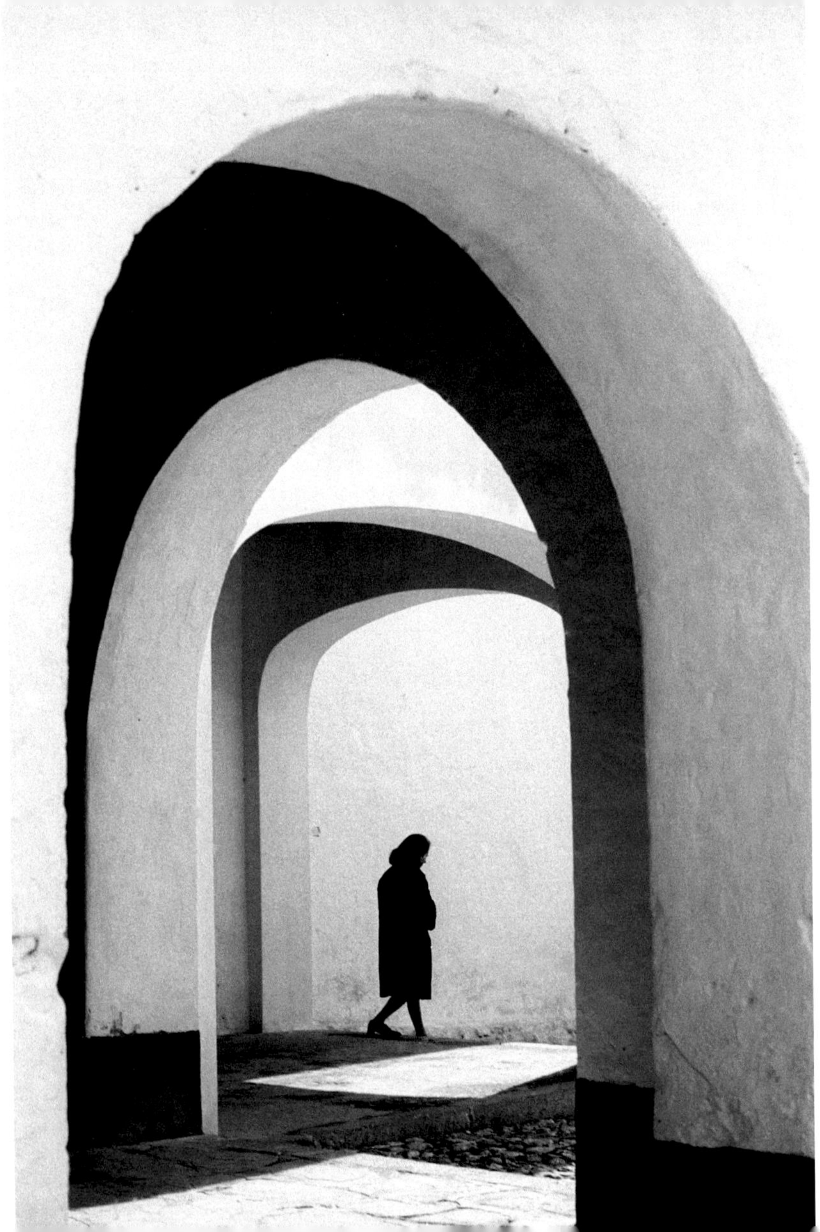

✻ Sant Rafael de sa Creu

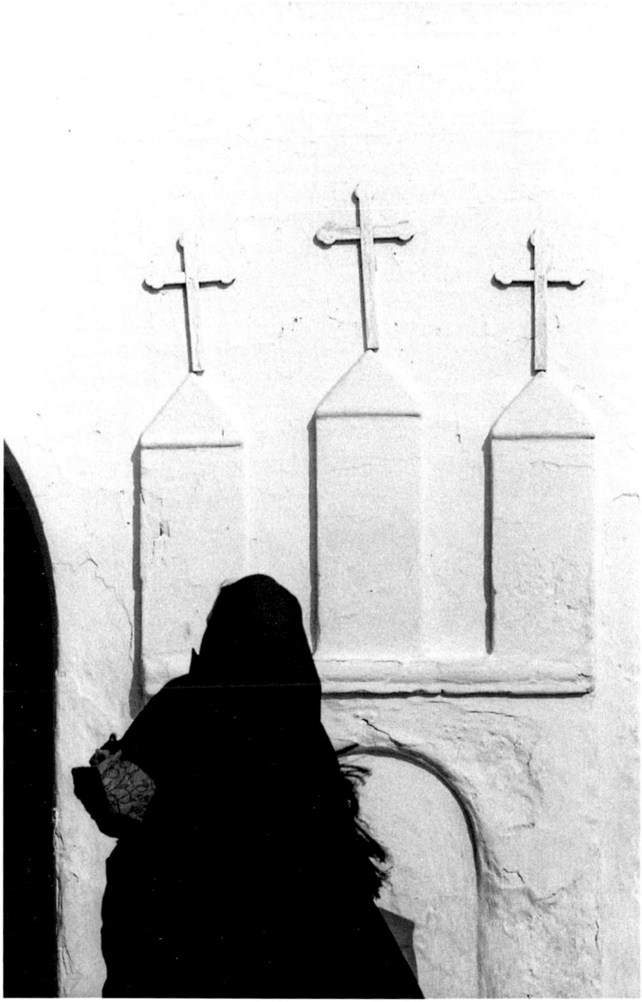

⁕ Sant Josep de sa Talaia

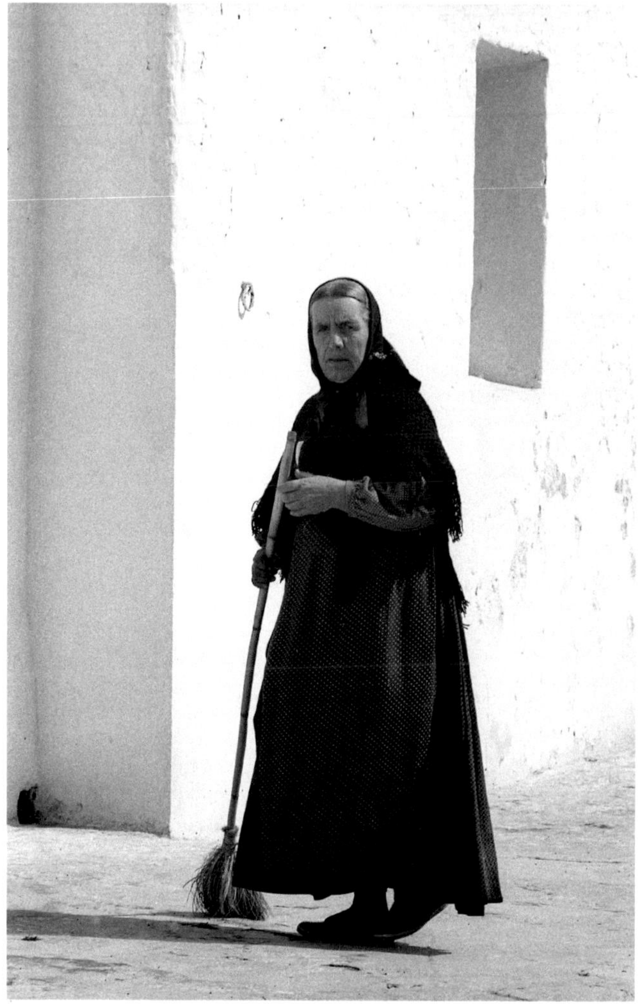

⁕ Sant Josep de sa Talaia

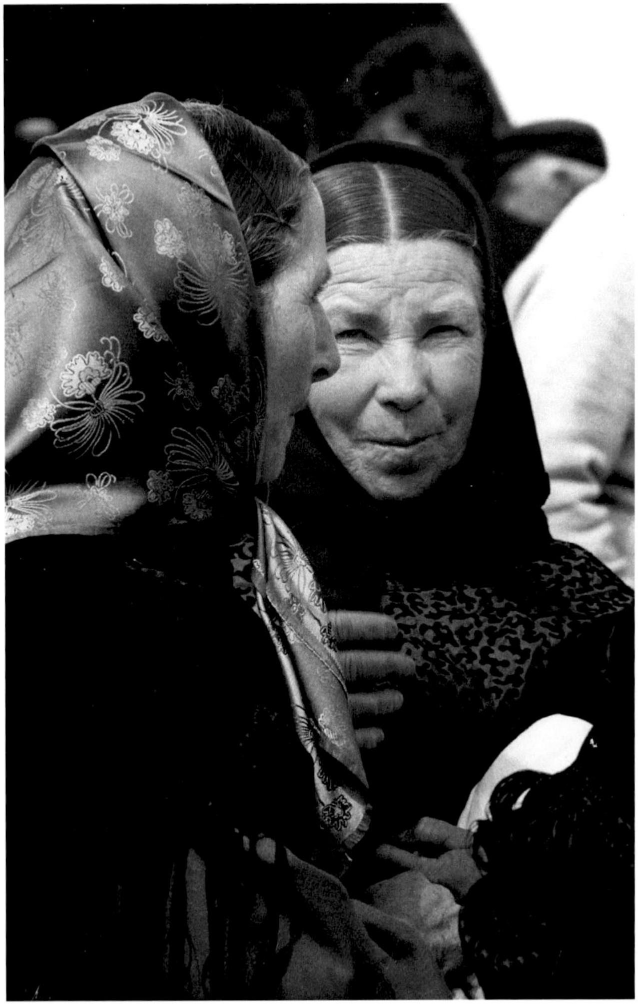

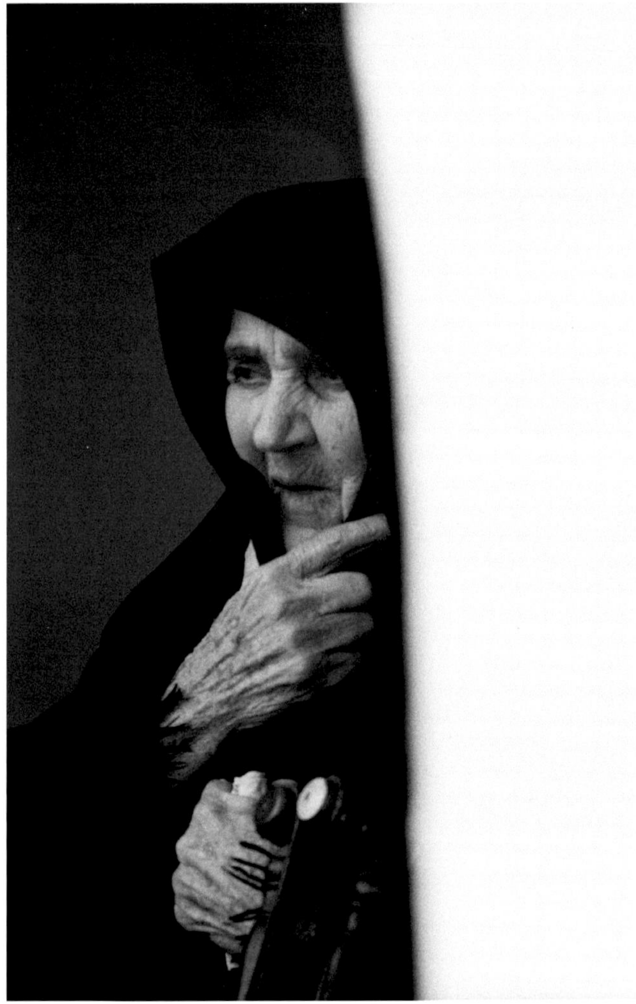

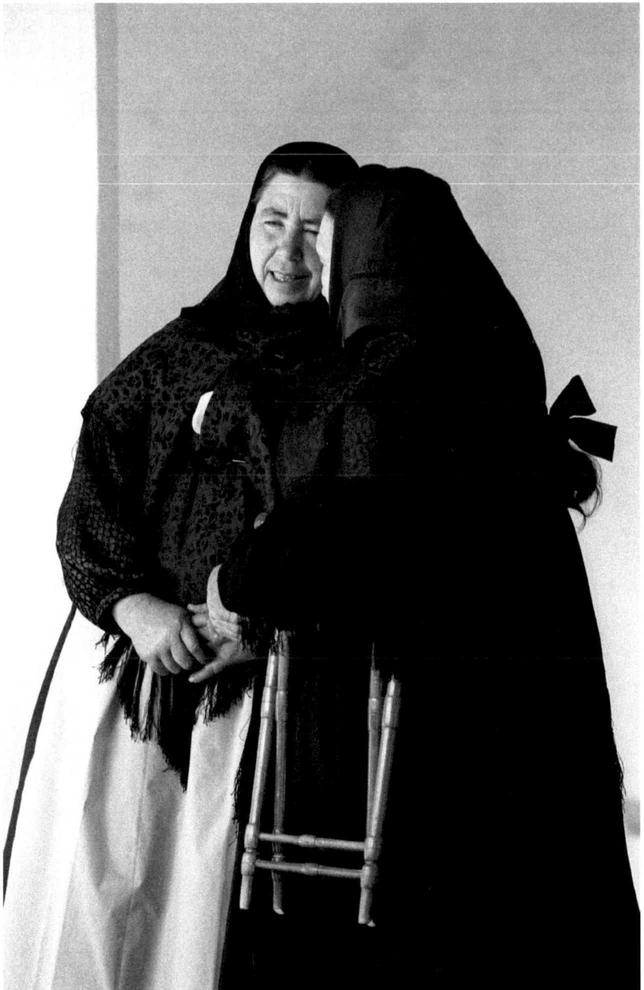

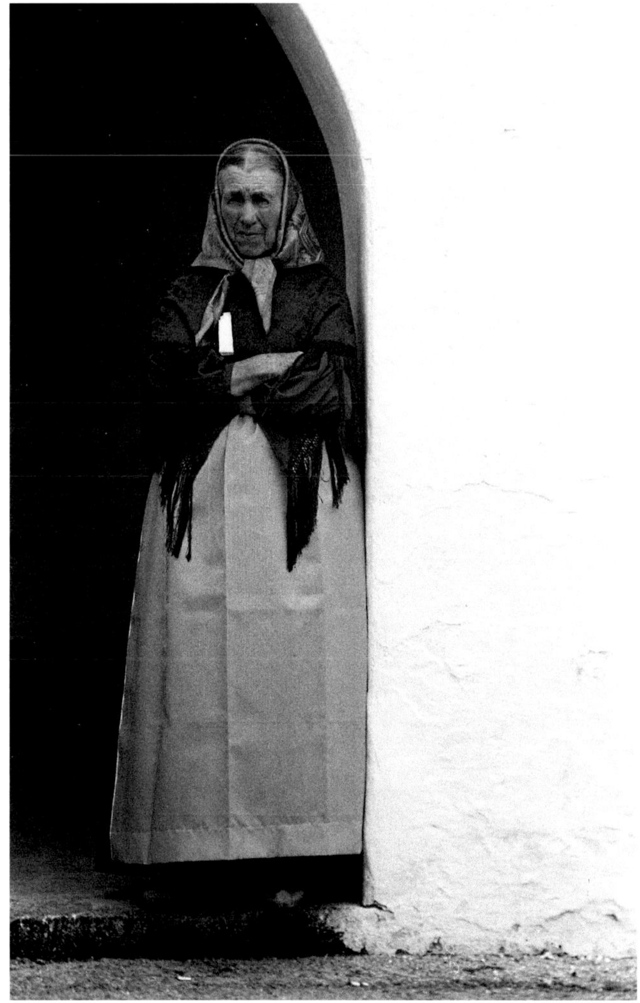

✻ Sant Josep de sa Talaia

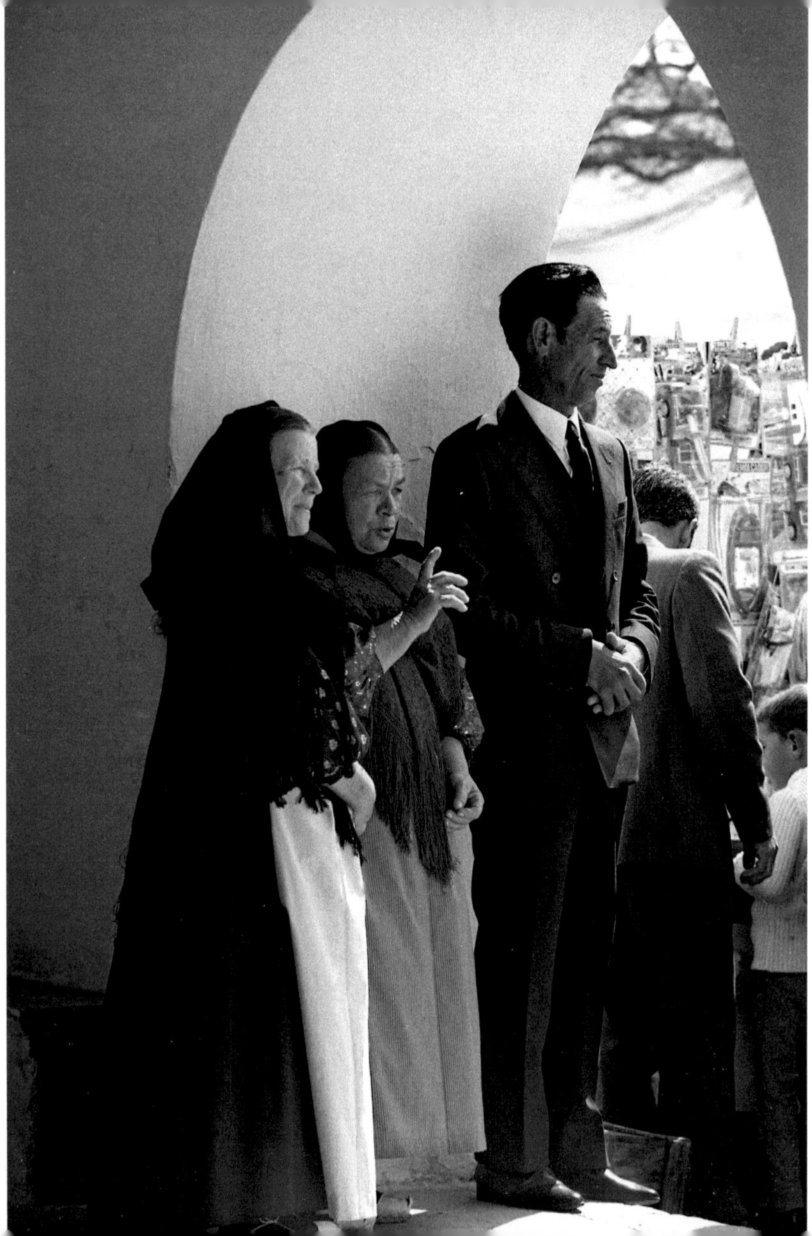

✻ Sant Joan de Labritja

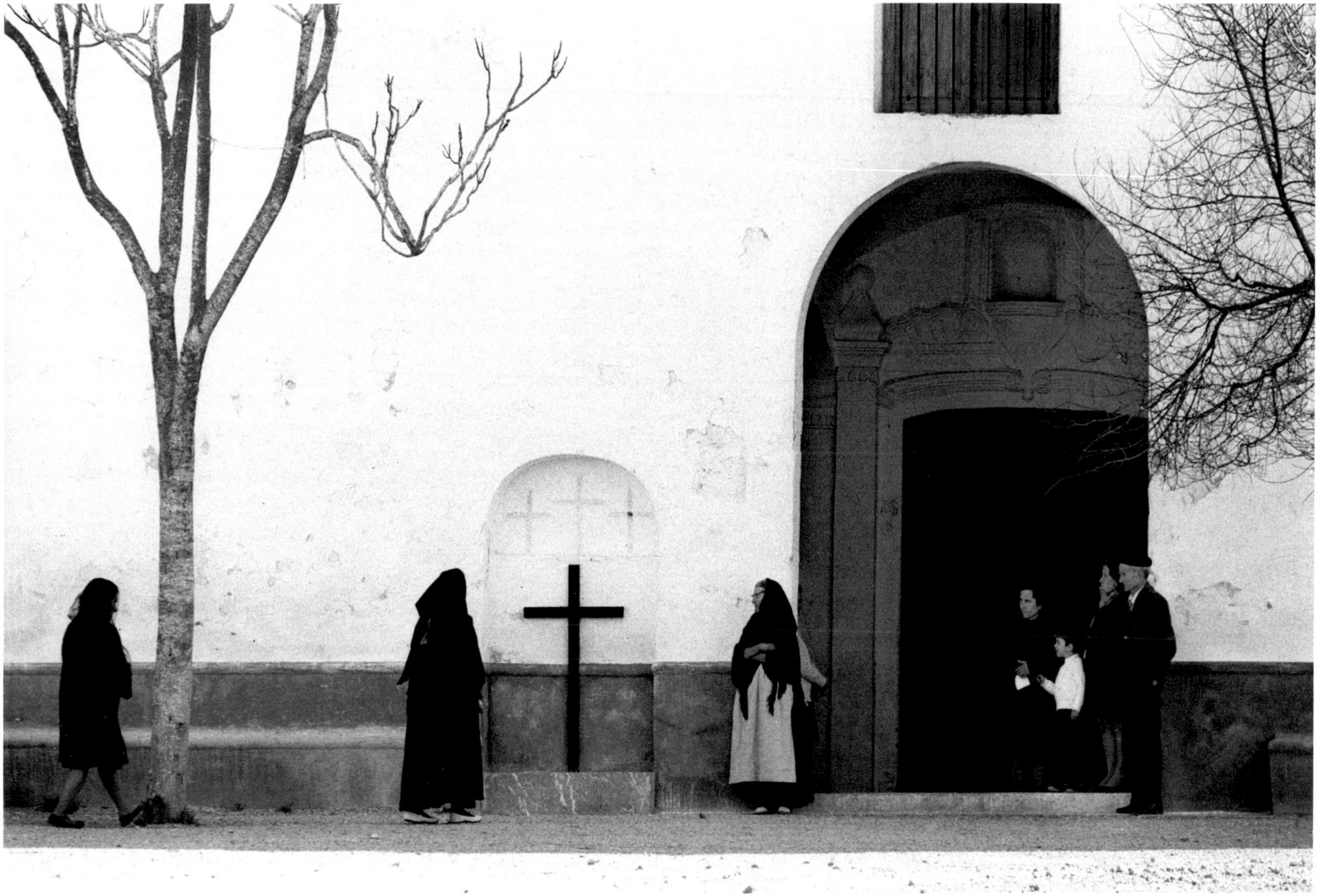

✻ Santa Gertrudis de Fruitera

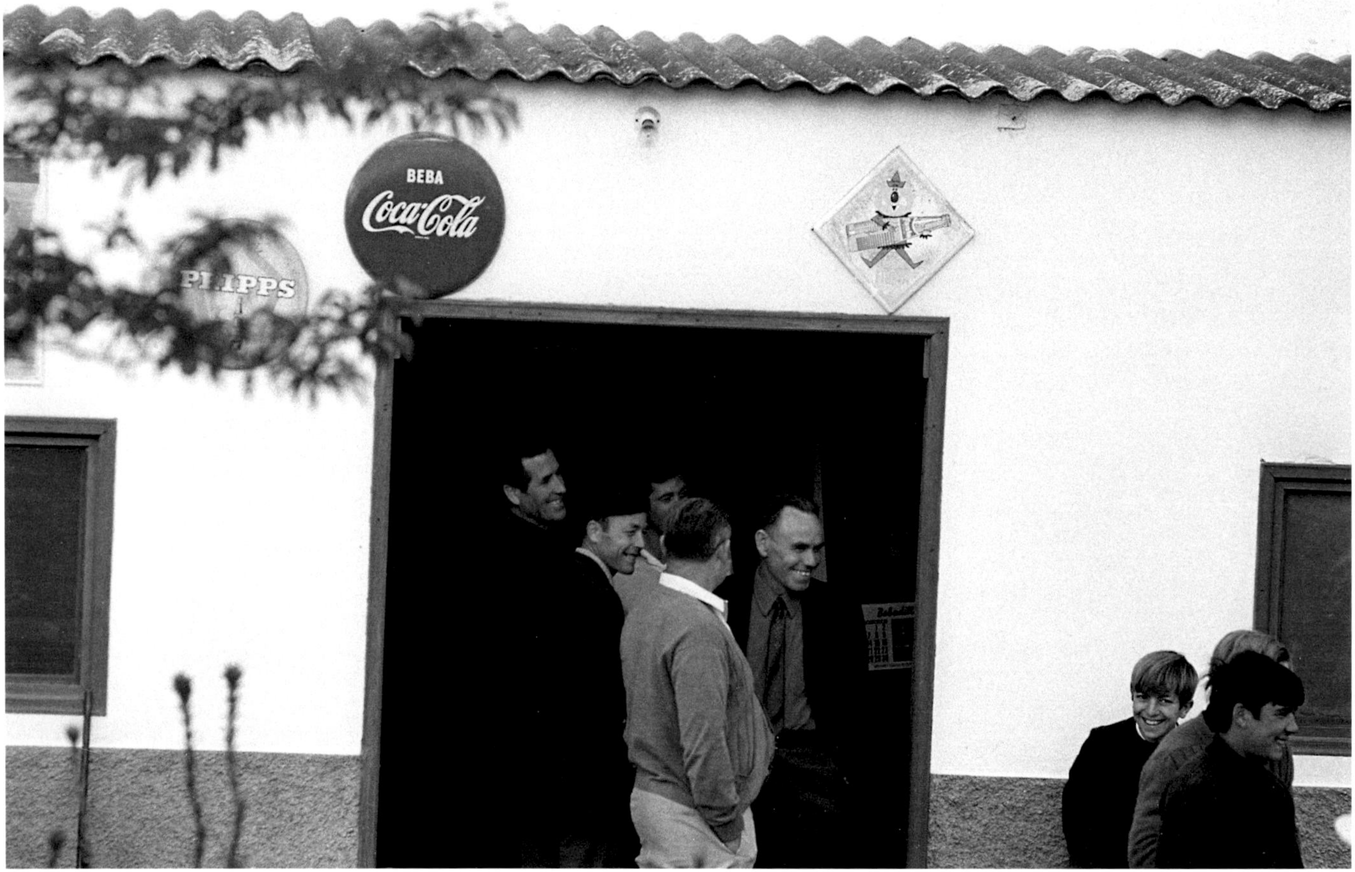

✻ Sant Miquel de Balansat

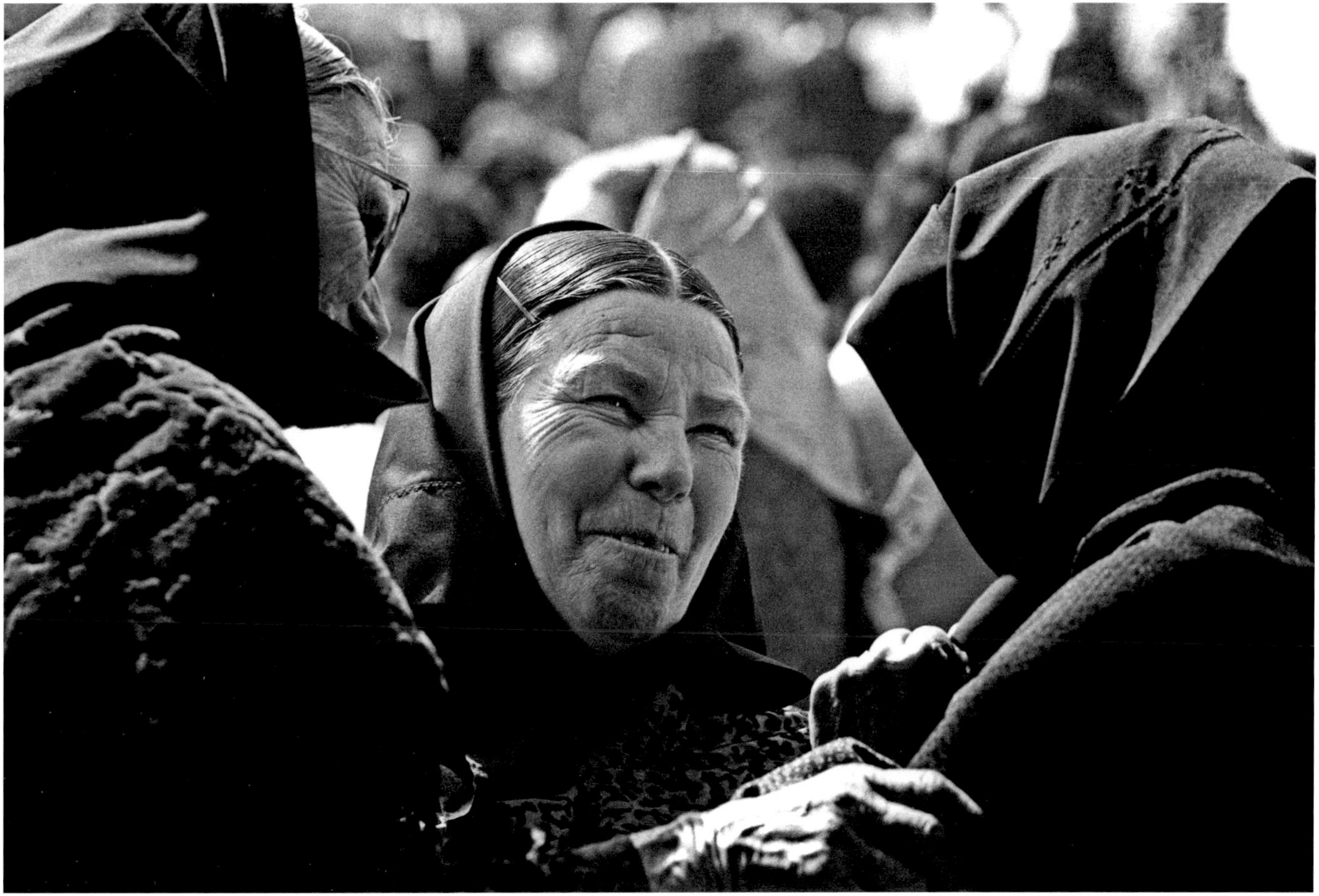

❋ Sant Joan de Labritja

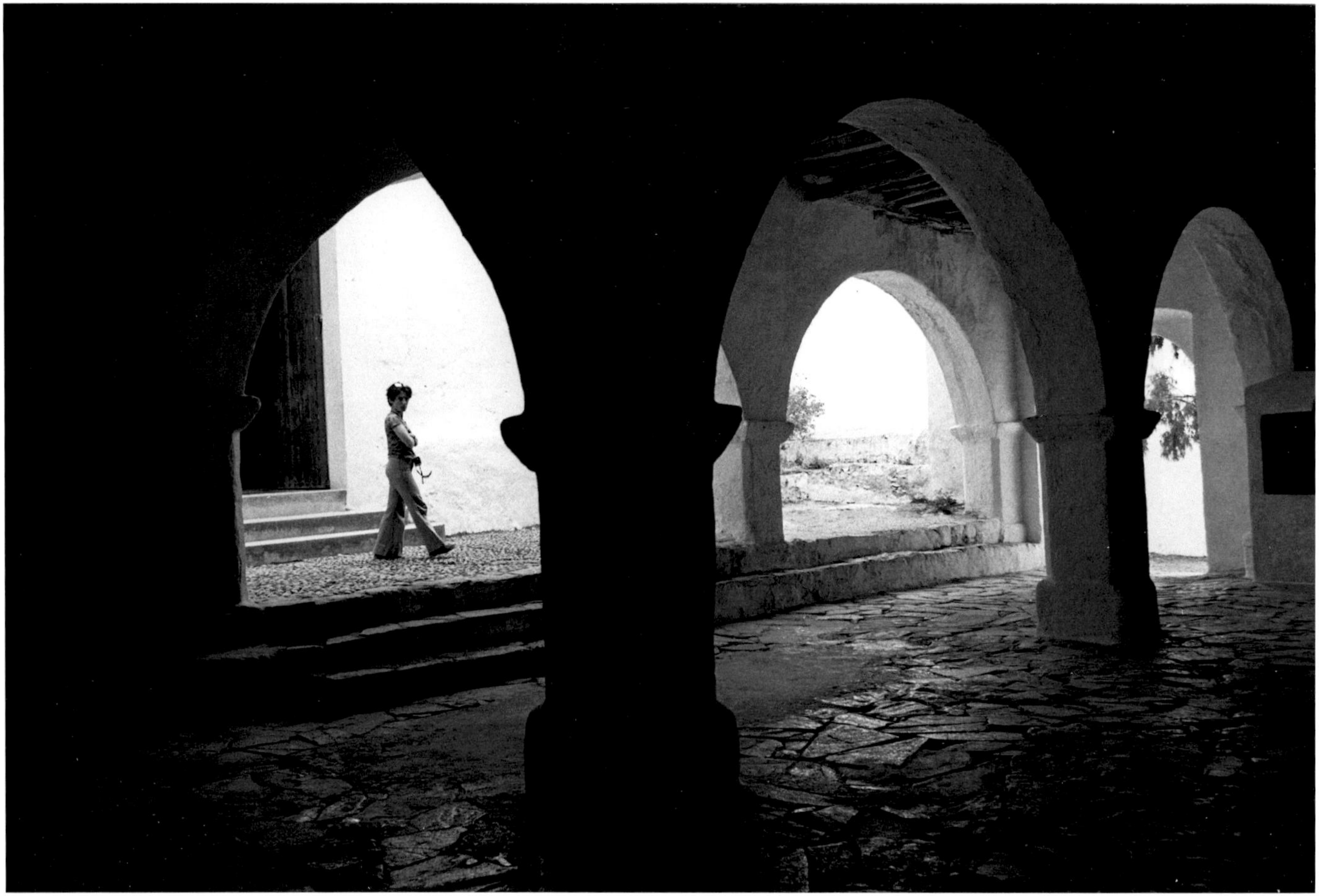

❋ Santa Eulària des Riu. Puig de Missa

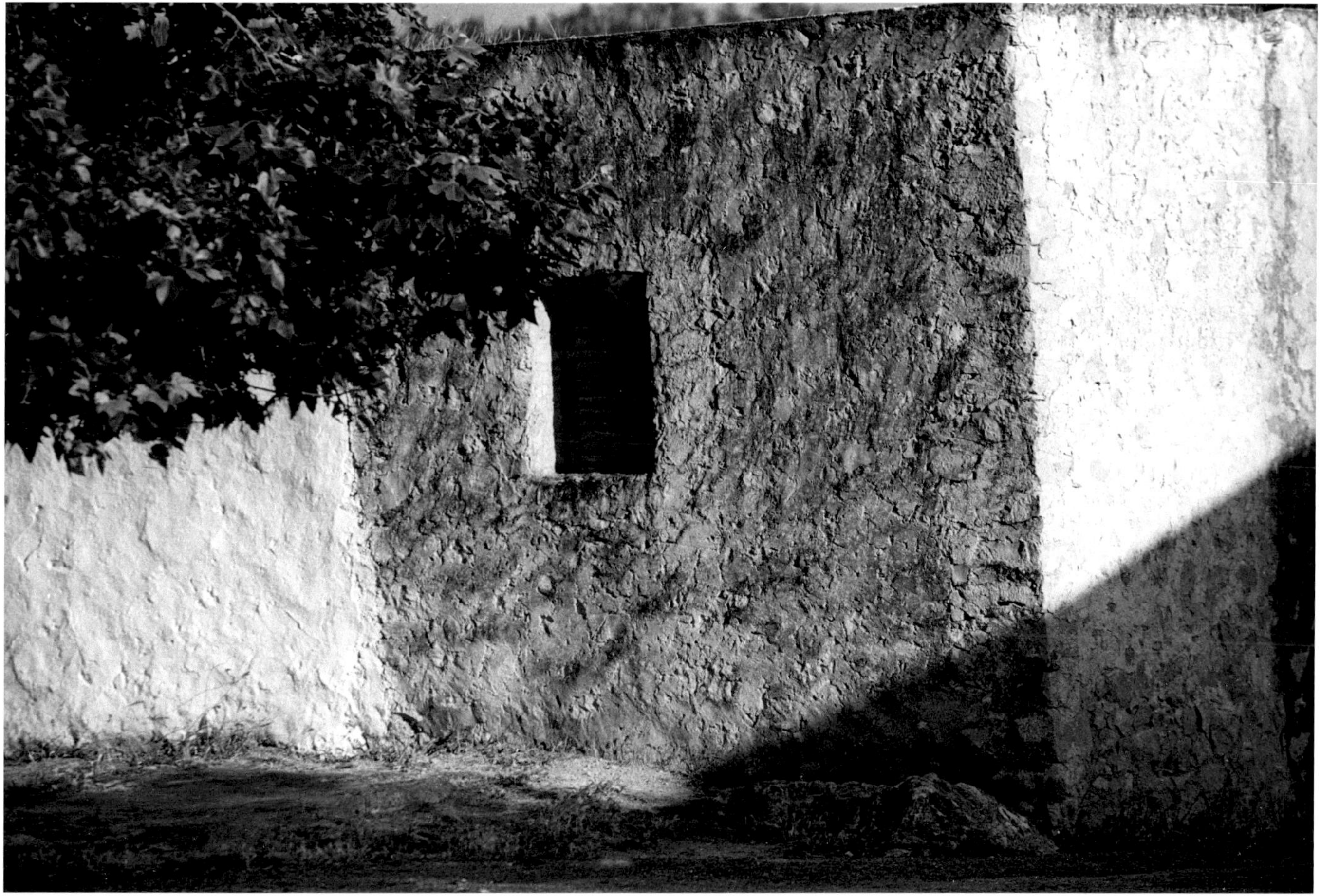

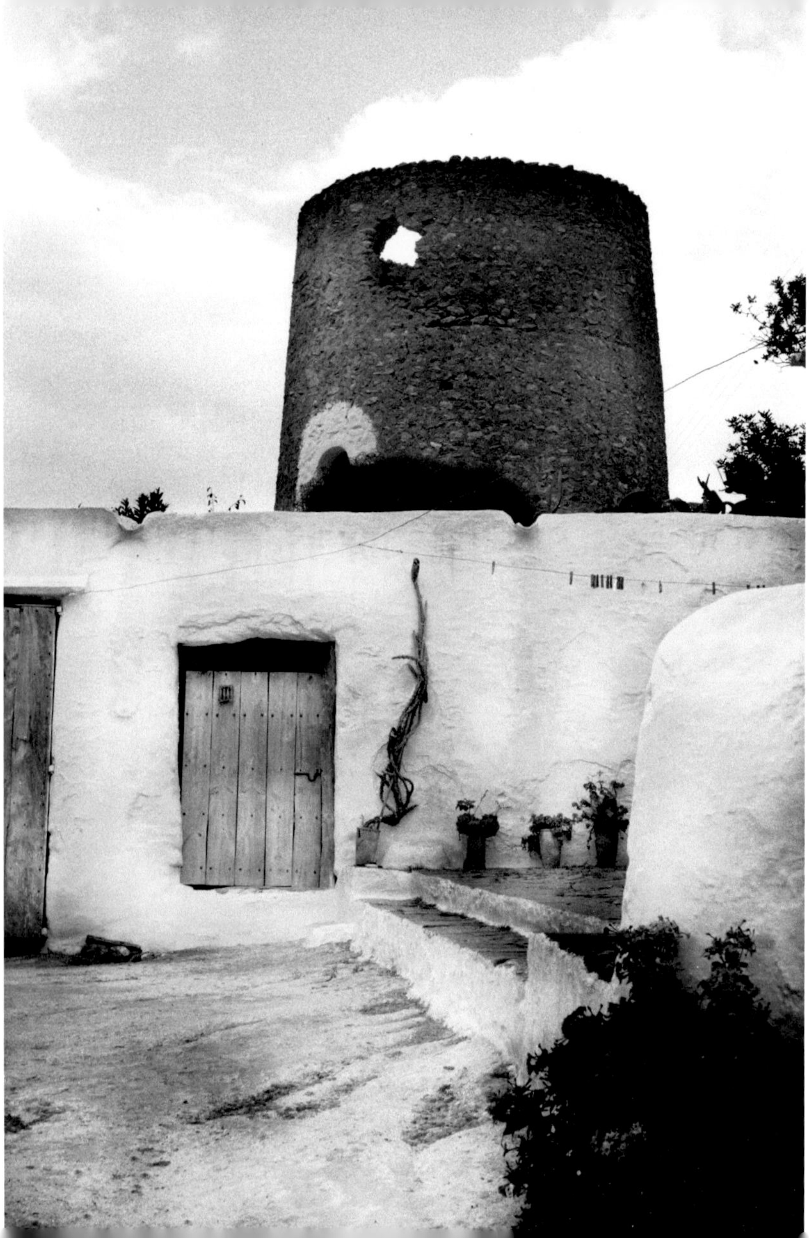

✳ Balàfia

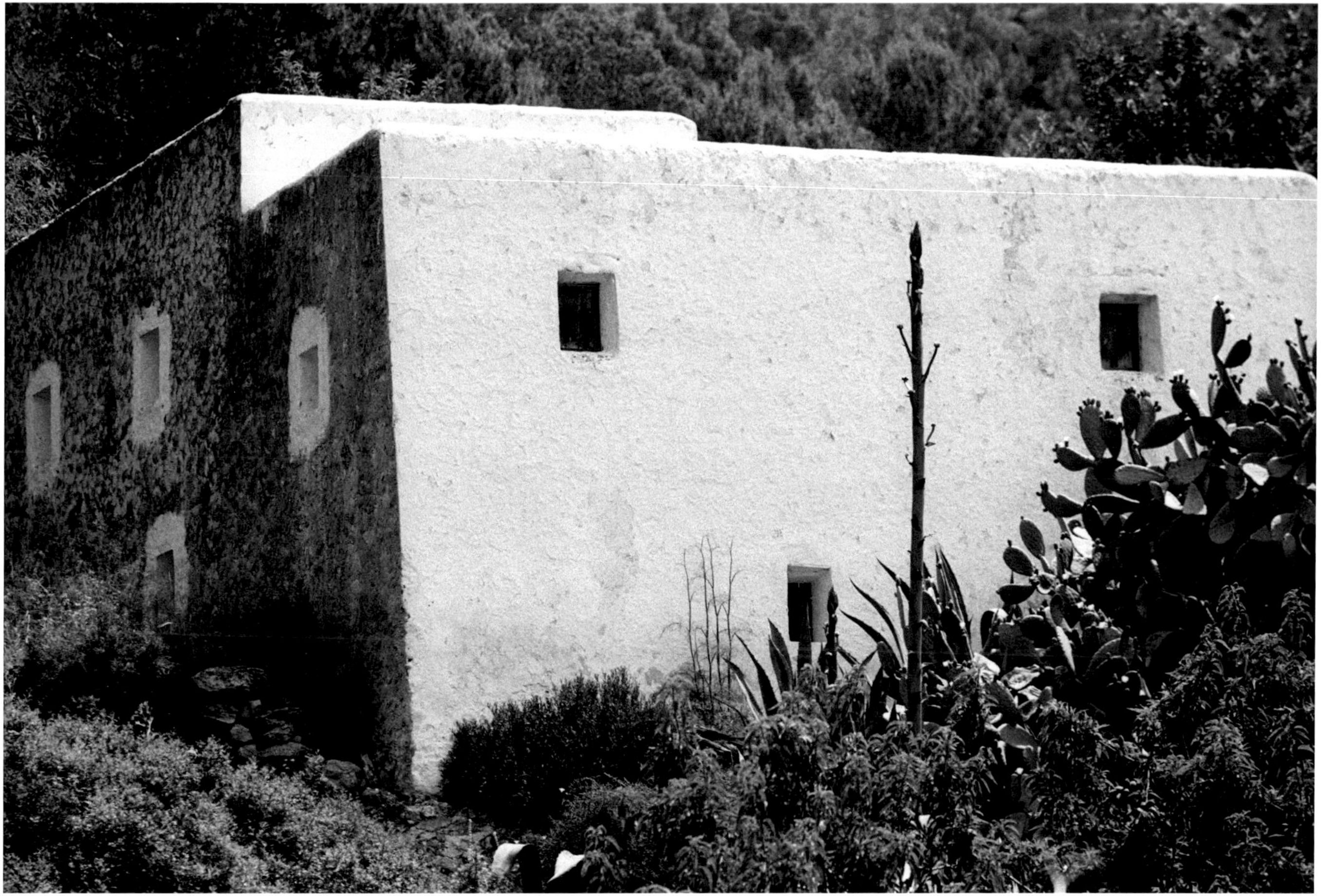

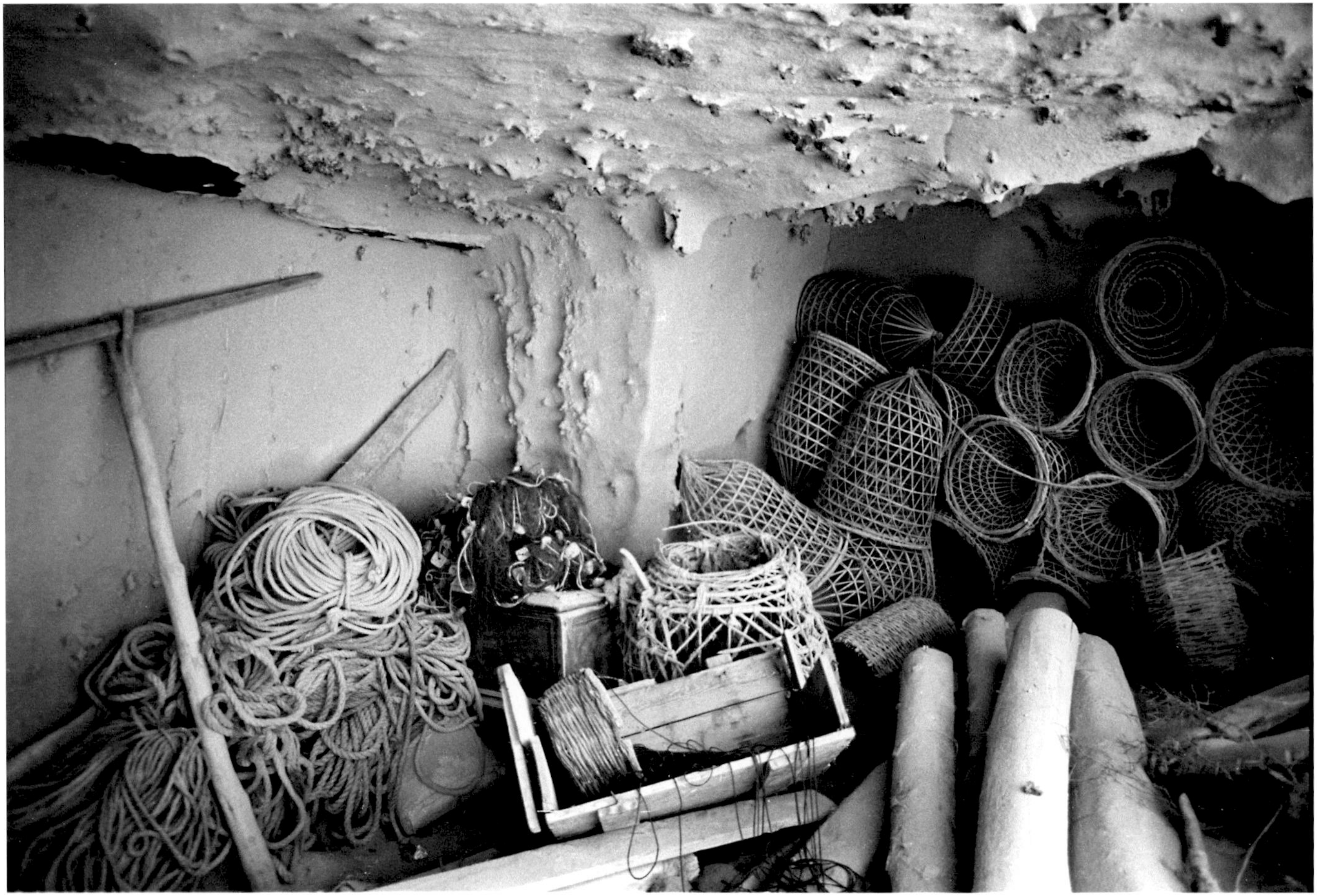

* Portinatx

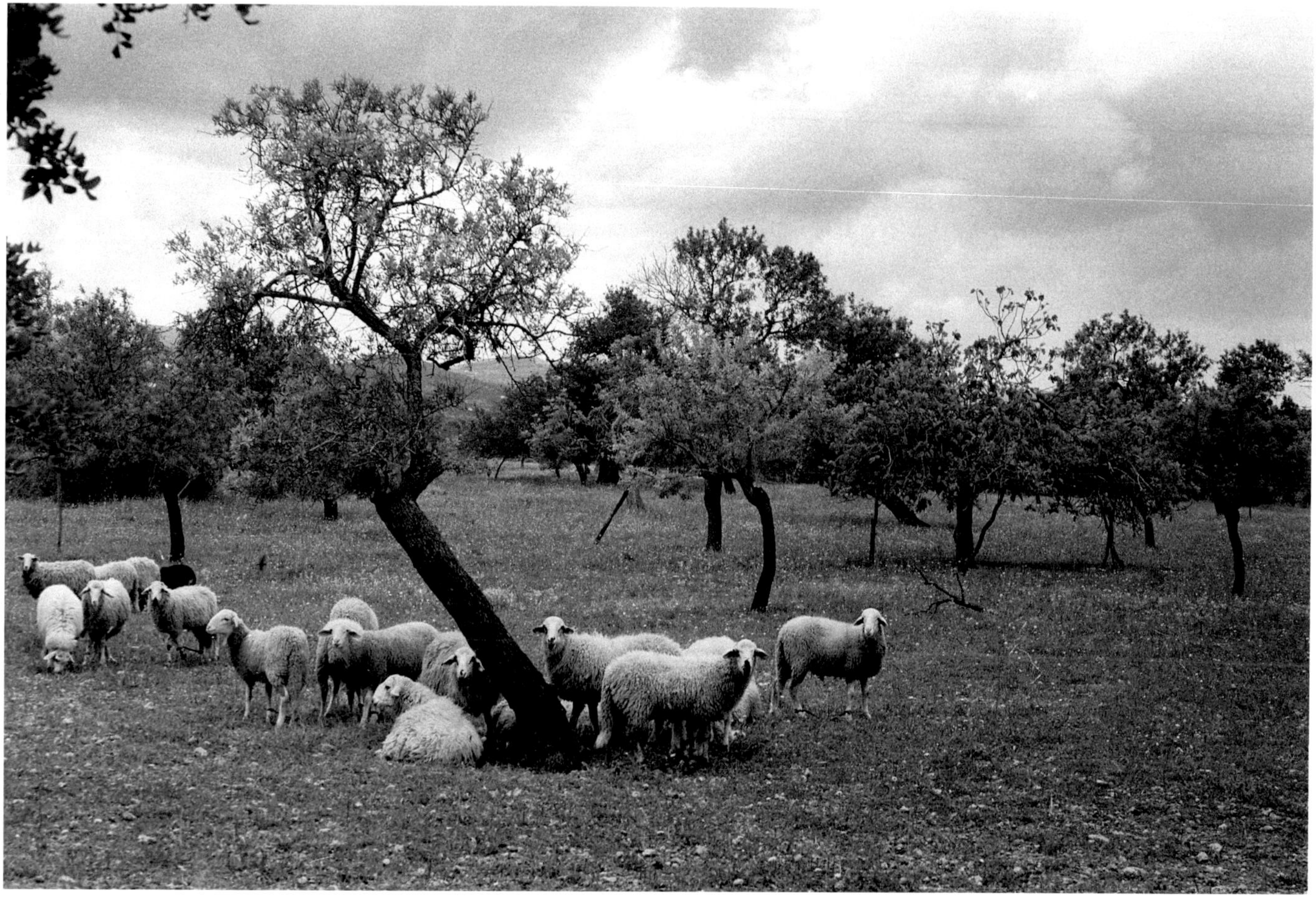

✻ Pla de Corona

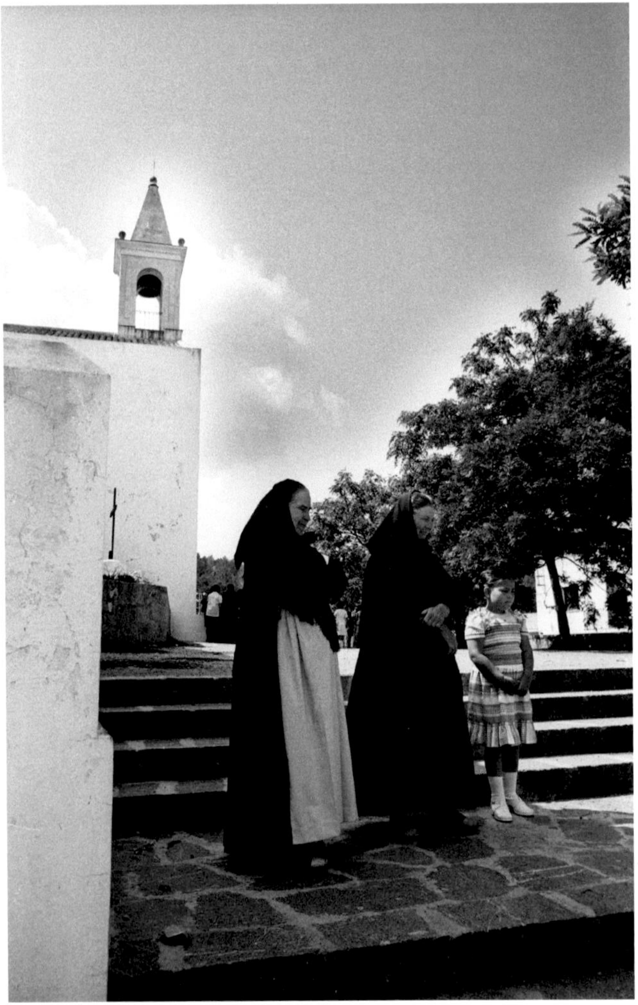

⁕ Sant Joan de Labritja

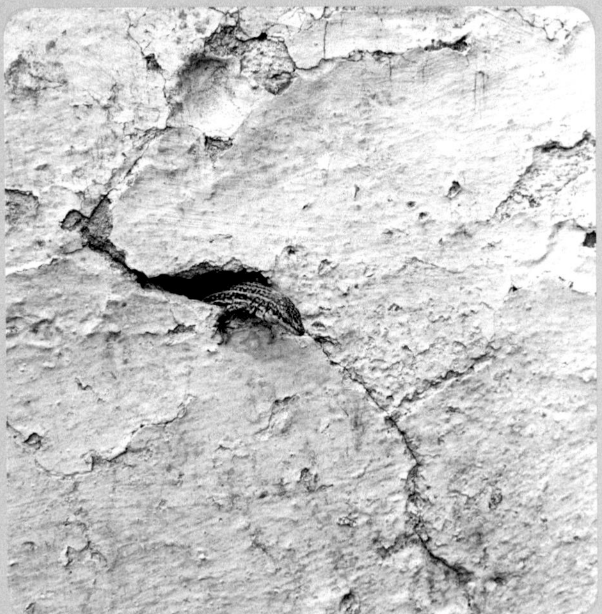

www.triangle.cat